Lea-Sophie Dageförde

Systemsprenger in der Gesellschaft

Wie traumapädagogische Ansätze in der Kinder- und Jugendhilfe zur Prävention beitragen

Bibliografische Information der Deutschen Nationalbibliothek:

Die Deutsche Nationalbibliothek verzeichnet diese Publikation in der Deutschen Nationalbibliografie; detaillierte bibliografische Daten sind im Internet über http://dnb.d-nb.de abrufbar.

Impressum:

Copyright © Studylab 2021

Ein Imprint der GRIN Publishing GmbH, München

Druck und Bindung: Books on Demand GmbH, Norderstedt, Germany

Coverbild: GRIN Publishing GmbH | Freepik.com | Flaticon.com | ei8htz

Inhaltsverzeichnis

Abbildungsverzeichnis IV

1 Einleitung 1

2 Wer sind die sogenannten „SystemsprengerInnen"? 4

    2.1 Definitionsversuche 4

    2.2 Das Bedürfnis nach Kontrolle 8

    2.3 Begriffsproblematik 11

    2.4 Wissenschaftliche Erkenntnisse – die EVAS-Studie 12

    2.5 Wie werden Kinder und Jugendliche zu sogenannten „SystemsprengerInnen"? – ein Annäherungsversuch 18

3 Trauma 23

    3.1 Definition 23

    3.2 Die Differenzierung von Traumatisierungen 23

    3.3 Wie entstehen Traumata? 24

    3.4 Trauma auf Grund von Gewalt 31

    3.5 Die Bedeutung von Traumatisierungen für die Entwicklung – ein kurzer Anriss .. 34

4 Traumapädagogik 38

    4.1 Definition 39

    4.2 Traumapädagogisches Herangehen 40

    4.3 Positive Effekte einer traumapädagogischen Herangehensweise 42

5 Fazit und Ausblick 48

Literaturverzeichnis 51

Abbildungsverzeichnis

Abbildung 1: Differenzierte Effektstärken in der Arbeit mit den sogenannten „SystemsprengerInnen" 15

Abbildung 2: Hilfedauer und Effekte unterschiedlicher Maßnahme- Arten in der Arbeit mit den sogenannten „SystemsprengerInnen" 16

Abbildung 3: Traumapädagogische Haltung auf ein traumatisierendes Umfeld 40

1 Einleitung

„SystemsprengerInnen", „VerweigererInnen", „GrenzgängerInnen", „schwierige Jugendliche", „Hoch-Risiko-Klientel", „Problemjugendliche" sind nur einige der Bezeichnungen für eine Gruppe junger Menschen, die die vorhandenen Systeme der Jugendhilfe zu sprengen scheinen. Sie sind ein bedeutender Teil der Diskussion, wenn es um sehr hohe Kosten für pädagogische Maßnahmen geht, in den Medien wird selten positiv über sie berichtet und pädagogische Fachkräfte werden mit ihnen oft an ihre fachlichen und persönlichen Grenzen gebracht. Wer sind also diese sogenannten „SystemsprengerInnen"?

Spätestens seit der Veröffentlichung des Films „Systemsprenger" im Jahr 2019 von Nora Fingscheidt[1] ist der professionelle Umgang mit „schwierigen Jugendlichen" nicht nur in den pädagogischen Fachkreisen ein präsentes Thema. Durch den Film ist es gelungen, der Gesellschaft auf eine sehr realitätsnahe Weise zu zeigen, mit welchen Herausforderungen das Hilfesystem konfrontiert ist. Trotz des recht breit aufgestellten Maßnahmenkatalog des Jugendhilfesystems, welcher sich über Beratung, Familienhilfe, ambulante Angebote, Erziehungsbeistandsschaften, stationäre Maßnahmen und intensive sozialpädagogische Einzelbetreuung streckt, scheint es immer noch Jugendliche zu geben, denen dadurch nicht geholfen werden kann, und die von einer Maßnahme zur nächsten Maßnahme wandern. Diese Maßnahmen werden dann im Verlauf immer etwas enger und geografisch entfernter gesteckt, und trotzdem kann dies vielen nicht helfen.

Hinzu kommt ein weiteres Problem: die Verjüngung der Klientel. Waren die sogenannten „SystemsprengerInnen" früher mit 15-16 Jahren bei einer ausgeprägten Jugendhilfekarriere angelangt, sind die Hilfemaßnahmen heute schon bei einer deutlich jüngeren Klientel, oft schon unter 10 Jahren, ausgeschöpft.[2]

Intensiv- und individualpädagogische Maßnahmen scheinen bislang die wirkungsvollsten Maßnahmen zu sein.[3] Das bedeutet jedoch nicht, dass dies für alle „SystemsprengerInnen" gilt. Trotzdem scheint es interessant zu sein, näher hinzuschauen: liegt es vielleicht an dem engen Betreuungsschlüssel mit oftmals 1:1-

---

[1] Nora Fingscheidt ist als Filmregisseurin und Drehbuchautorin tätig. Mit ihrer Verfilmung von „Systemsprenger" wurde sie 2019 auf der Berlinale mit dem Alfred-Bauer-Preis ausgezeichnet.
[2] Vgl. Deutsches Institut für Urbanistik und Fachtagung. Arbeitsgruppe Fachtagungen Jugendhilfe 2014, S. 39
[3] Vgl. Macsenaere 2018, S.313

Betreuung oder an einem neuen Lebensraum, teilweise sogar im Ausland? Ich wage die Vermutung aufzustellen, dass dies nicht die entscheidenden Faktoren sind. Vielmehr scheint etwas Anderes ursächlich für den Erfolg mit dieser Klientel zu sein: eine explizite traumapädagogische Herangehensweise oder die „unbewusste" Verwendung dieser.

Das spezifische Verhalten von „SystemsprengerInnen" ist u.a. geprägt durch Aggressivität, sexuellen Auffälligkeiten, Weglauf-Tendenzen, Betäubungsmittel-Missbrauch und Straffälligkeiten.[4] Betrachtet man diese Verhaltensweisen als Anpassungsleistungen auf die Missstände in der Entwicklung, und vergleicht diese mit Folgestörungen auf Grund von traumatischen Erlebnissen, eröffnet sich ein völlig neuer Blickwinkel.

Diese Bachelorarbeit soll die Gruppe der sogenannten „SystemsprengerInnen" in ihrer spezifischen Art beleuchten, aber auch auf die miteinhergehende Problematik der Begriffsverwendung hinweisen. Zusätzlich sollen Annäherungsversuche an die möglichen Ursachen, die zur Entwicklung von Kindern und Jugendlichen zu den sogenannten „SystemsprengerInnen" führen, unternommen werden. Dies geschieht auch unter dem Aspekt einer traumapädagogischen Herangehensweise. Aus dieser neuen Sichtweise lassen sich dann Empfehlungen für die Arbeit mit den sogenannten „SystemsprengerInnen" und auch den „Noch-nicht-SystemsprengerInnen" ableiten, die für eine Verringerung oder sogar Verhinderung der Entwicklung junger Menschen zu „SystemsprengerInnen" sorgen könnten.

Die Bachelorarbeit ist inhaltlich, neben der Einleitung und dem Fazit, unterteilt in drei Schwerpunktbereiche. Der erste Schwerpunktbereich beschäftigt sich mit den sogenannten „SystemsprengerInnen" und ihrem Verhalten. Am Ende dieses Schwerpunktbereiches findet eine Überleitung in den zweiten Bereich zum Thema Trauma statt. Dieser zweite Bereich beschäftigt sich mit der Definition und Unterteilung, den Folgen traumatischer Erlebnisse und den Auswirkungen auf die Entwicklung. Anschließend geht es im dritten Schwerpunktteil um die Traumapädagogik, mit ihren positiven Effekten in der Arbeit mit den sogenannten und zukünftigen „SystemsprengerInnen".

---

[4] Vgl. Macsenaere; Esser et al. 2014, S. 349

Bis jetzt und im Folgenden habe/werde ich der Vereinfachung und Klarheit geschuldet von den sogenannten „SystemsprengerInnen" schreiben. Dies bedeutet jedoch nicht, dass ich diese Begrifflichkeiten als unproblematisch ansehe.

2 Wer sind die sogenannten „SystemsprengerInnen"?

Dieser Teil soll eine Annäherung an die sogenannten „SystemsprengerInnen" mit ihrem spezifischen Verhalten erbringen und erste Erklärungsversuche unternehmen, welche Faktoren Kinder und Jugendliche zu den sogenannten „SystemsprengerInnen" werden lassen. Auf diesem Gebiet führend ist Prof. Dr. Menno Baumann[5]. Viele der folgenden Verknüpfungen sind an seine Erkenntnisse angelehnt. Gleichzeitig soll auch auf die Bedeutung der, für diese Gruppe verwendeten, Begriffe eingegangen werden.

2.1 Definitionsversuche

Die Begriffe „SystemsprengerInnen", „VerweigererInnen", „GrenzgängerInnen", „schwierige Jugendliche", „Hoch-Risiko-Klientel", „Problemjugendliche" beschreiben Jugendliche, die in ihrer Entwicklung massiven Risiken ausgesetzt waren und deswegen gezwungen waren Strategien zu entwickeln, die sich nun schwer oder gar nicht mit dem pädagogischen Hilfesystem vereinbaren lassen. Sie waren folglich nicht pränatal schwierig. Ihr Verhalten erzeugt bei anderen Menschen eine Stigmatisierung und Etikettierung.[6] Zudem bringen sie Fachkräfte an ihre Grenzen, indem sie z.B. Maßnahmen abbrechen, Kooperation, sowie die Beschulung verweigern, Straftaten begehen. Außerdem pendeln sie oft zwischen Jugendhilfe, Psychiatrie, Straße und, die über 14-jährigen, auch Gefängnis, ohne irgendwo anzukommen.

Prof. Dr. Menno Baumann definiert die sogenannten „SystemsprengerInnen" wie folgt:

> „Hoch-Risiko-Klientel, welches sich in einer durch Brüche geprägten negativen Interaktionsspirale mit dem Hilfesystem, den Bildungsinstitutionen und der Gesellschaft befindet und diese durch als schwierig wahrgenommene Verhaltensweisen aktiv mitgestaltet."[7]

---

[5] Menno Baumann ist Sonderpädagoge und lehrt als Professor für Intensivpädagogik an der Fliedner Fachhochschule in Düsseldorf. Zusätzlich war er sieben Jahre als Bereichsleiter beim Jugendhilfeträger „Leinerstift e.V." tätig.
[6] Vgl. Ostfalia Hochschule Wolfenbüttel 2015, S. 13
[7] Baumann 2014, S. 163

Um dies besser verstehen zu können, lohnt es sich, die Definition in Einzelteile zu zerlegen und diese genauer zu betrachten: „Hoch-Risiko-Klientel", „durch Brüche geprägte negative Interaktionsspirale" und „durch als schwierig wahrgenommene Verhaltensweise aktiv mitgestaltet".8

2.1.1 Hoch- Risiko- Klientel

Die sogenannten „SystemsprengerInnen" vereinen ein spezielles Phänomen in sich: sie können als Hoch – Risiko – Klientel im doppelten Wortsinn beschreiben werden. Erklären kann man dies wie folgt: auf der einen Seite waren sie selbst von extremen Entwicklungsrisiken betroffen, durch die sie Verhaltensweisen entwickelt haben, die ihr Überleben gesichert haben, nun kollidieren diese jedoch mit der Umwelt. Auf der anderen Seite geht von ihnen selbst auch ein Risiko aus. Dieses kann für sie und ggf. auch für andere gefährlich sein. Menno Baumann beschreibt fünf typische Verhaltensweisen der sogenannten „SystemsprengerInnen" die ein hohes Risiko aufweisen. Diese sind körperliche Gewalt, offener inszenierter Drogenkonsum, Abhängigkeit mit einem selbstgefährdenden Verhalten, sowie Selbstverletzungen mit parasuizidalen Tendenzen und die Neigung zu Brandstiftungen.[9] Aufgrund des Risikos für die eigene Entwicklung und des Risiko, das von ihnen ausgeht, vereinen sie auf besondere Weise die Rolle von Opfer und Täter in sich.[10]

Zu den eben genannten Aspekten gibt die LIFE-Studie[11] einen quantitativen Einblick in die Lebensumstände der Jugendlichen, die einerseits ein großes Entwicklungsrisiko hatten und andererseits ein Risiko für die Umwelt darstellen. Zu diesen Lebensumständen zählen: Vernachlässigung, Misshandlung und Missbrauch, Alkohol- und Drogenmissbrauch, gewalttätiges Verhalten, Autoaggressivität, sexuelle Auffälligkeit, Weglauf-Tendenzen und Straffälligkeit.

Zu den Entwicklungsrisiken geht aus der Life-Studie hervor, dass Vernachlässigungen auf 66% der Jugendlichen zutrafen.[12] Misshandlungen hatten 52% erfahren,

---

[8] Vgl. Baumann 2018, S. 3
[9] Vgl. Baumann 2018, S. 3f.
[10] Vgl. Baumann 2018, S. 4
[11] Die Studie wurde von der „LIFE Jugendhilfe GmbH" durchgeführt. Sie beruht auf der deskriptiven Auswertung von 100 individualpädagogischen Hilfeverläufen ab dem Gründungsjahr 1993. Die ausgewerteten Hilfeverläufe wiesen eine Geschlechterverteilung von 74% männlichen und 26% weiblichen Klienten auf. Diese haben ein durchschnittliches Alter von 14,5 Jahren bei Maßnahmenbeginn und bleiben im Durchschnitt 2,5 Jahre.
[12] Vgl. Deutsches Institut für Urbanistik; Fachtagung. Arbeitsgruppe Fachtagungen Jugendhilfe 2014, S. 38

bei 10% lag die Vermutung nahe, dass sie ebenfalls betroffen waren, dies konnte, anhand der Akten, jedoch nicht zu 100% belegt werden.[13] Bei dem Entwicklungsrisikofaktor des Missbrauchs fiel vor allem auf, dass es geschlechtsspezifische Unterschiede gibt. So konnte bei den weiblichen Klienten eine deutlich höhere Anzahl ausgewertet werden, 50% waren betroffen.[14] Zusammengefasst lagen bei 12% bestätigte Missbrauchsfälle vor, weiterführend wurden bei 21% ein Verdacht auf Missbrauch geäußert.[15]

Von den Jugendlichen selbst gehen ebenfalls Lebensumstände aus, die selbst- und fremdgefährdend sein können. Hierzu gehört unter anderem ein Alkohol- und Drogenkonsum. Dieser konnte bei 67% der Klientel festgemacht werden.[16] Zusätzlich hatten ein entweichendes Verhalten 54%.[17] Auch gewalttätiges Verhalten zeigten 87% der untersuchten Fälle.[18] Bei der Autoaggressivität ließen sich 24% als allgemein autoaggressiv einordnen, 12% zeigten parasuizidale Tendenzen[19] und 4% waren suizidal.[20] Eine allgemeine sexuelle Auffälligkeit zeigte sich bei 37% der Jugendlichen, 12% konnten als Täter festgemacht werden und 9% als Opfer.[21] Besonders sticht die Straffälligkeit heraus, denn 98% der Jungen und Mädchen waren bereits straffällig geworden.[22]

---

[13] Vgl. Deutsches Institut für Urbanistik; Fachtagung. Arbeitsgruppe Fachtagungen Jugendhilfe 2014, S. 39
[14] Vgl. Deutsches Institut für Urbanistik; Fachtagung. Arbeitsgruppe Fachtagungen Jugendhilfe 2014, S. 39ff.
[15] Vgl. Deutsches Institut für Urbanistik; Fachtagung. Arbeitsgruppe Fachtagungen Jugendhilfe 2014, S. 39
[16] Vgl. Deutsches Institut für Urbanistik; Fachtagung. Arbeitsgruppe Fachtagungen Jugendhilfe 2014, S. 40
[17] Vgl. ebd.
[18] Vgl. Deutsches Institut für Urbanistik; Fachtagung. Arbeitsgruppe Fachtagungen Jugendhilfe 2014, S. 41
[19] Parasuizidale Handlungen beschreiben die Durchführung von potenziell selbsttötenden Taten, diese jedoch mit der Hoffnung und Erwartung einer Rettung. Parasuizidale Handlungen können somit als „Hilferuf" verstanden werden.
[20] Vgl. Deutsches Institut für Urbanistik; Fachtagung. Arbeitsgruppe Fachtagungen Jugendhilfe 2014, S. 41
[21] Vgl. Deutsches Institut für Urbanistik; Fachtagung. Arbeitsgruppe Fachtagungen Jugendhilfe 2014, S. 42
[22] Vgl. ebd.

2.1.2 Eine durch Brüche geprägte Interaktionsspirale

Hierzu muss gesagt werden, dass der Lebenslauf der sogenannten „Systemsprengerlnnen" vor allem durch Brüche geprägt ist, z.B. in Form von Beziehungsabbrüchen, häufigen Umzügen oder allgemein einer brüchigen Familienstruktur.[23] Kommt es nun zu Jugendhilfemaßnahmen, zeigt sich ein Paradoxon, denn das Hilfesystem ist ebenfalls durch Brüche gekennzeichnet, vielmehr ist es sogar darauf ausgelegt.[24] Verläuft eine Maßnahme positiv, ist es ganz natürlich, dass diese nach Zielerreichung beendet wird. Speziell bei der Gruppe der „Systemsprengerlnnen" scheinen verlässliche und kontinuierliche Beziehungen essenziell wichtig zu sein. Dieser Grundsatz wird vor allem bei individualpädagogischen und intensivpädagogischen Maßnahmen verfolgt. Doch auch diese sind in ihrer Dauer, oft noch mehr als Regelangebote, wie z.B. ambulante oder stationäre Maßnahmen, klar begrenzt. Folglich sind erneute Beziehungsabbrüche unvermeidlich. Hinzu kommt auch die Tatsache, dass, umso besser eine Entwicklung im Rahmen einer Maßnahme verläuft, umso schneller lässt auch die erhöhte Aufmerksamkeit der Fachkräfte nach.[25] Es liegt also im Wesen des Hilfesystems, dass Brüche vorprogrammiert sind. Um genau diese erneuten Brüche zu vermeiden, scheint es für die betroffen Jugendlichen nötig zu sein, weiterhin als schwierige/r „SystemsprengerIn" eingestuft zu werden. So entsteht eine Spirale, die Maßnahmen werden „immer ein bisschen enger, immer ein bisschen kleiner und immer ein bisschen weiter weg".[26] Menno Baumann benennt diese Interaktionsspirale als das Prinzip des institutionellen Aufmerksamkeits-Defizit-Syndrom, denn die Individualität und die Ziele der Jugendlichen geraten immer weiter in den Hintergrund und werden somit auch immer mehr ignoriert.[27] Schaut man sich die Hilfeverläufe an, fällt außerdem auf, dass die Ursache für Abbrüche neben der Psychopathologie und Grenzverletzungen auch bei einer Loyalitätsbindung zu den Eltern liegt.[28] „Wir können Kinder aus Familien nehmen, aber die Familien nicht aus den Kindern."[29]

---

[23] Vgl. Baumann 2018, S. 4
[24] Vgl. Baumann 2018, S. 4, nach Tornow; Ziegler 2012
[25] Vgl. Baumann 2018, S. 4
[26] Baumann 2018, S. 4
[27] Vgl. Baumann 2018, S.4
[28] Vgl. Schmid 2018, Folie 23
[29] Vgl. Schmid 2018, Folie 31, zitiert nach Portengen 2006

2.1.3 Aktiv mitgestaltet

Die Frage, wie hoch der Anteil an Verantwortung des/der Jugendlichen an gesprengten Systemen ist, ist sehr zentral, wenn es darum geht, einen Verstehensprozess einzuleiten. Menno Baumann sieht die Rolle des/der Jugendlichen darin, dass er/sie durch ein „Wechselspiel zwischen eigenen Erfahrungen und dem Jugendhilfesystem"[30] selbst gesprengt wird.

Dabei trägt der/die Jugendliche immer aus einem Grund zur Systemsprengung bei, dieser ist weder eine fehlende Motivation noch eine Ablehnungsreaktion, sondern eine für die/den Jugendliche/n sinnvolle Verhaltensweise. Für den/die Jugendliche/n selbst ergeben seine Handlungen Sinn. Dieser Hintergrund ist nicht neu, u.a. geht auch die Traumapädagogik von einem „guten Grund" des Klienten aus. Helmut Reiser ergänzt dieses Verständnis, indem er etwas anspricht, was grade für „SystemsprengerInnen" sehr passend wirkt:

> „Manches Verhalten, welches auf die Umwelt als Störung wirkt, macht nicht nur Sinn, es schafft Sinn."[31]

Um diese sinnschaffenden Verhaltensweisen besser verstehen zu können, muss man versuchen, die Logik für den/die Jugendliche/n zu ergründen. Dieses Ziel hat auch die von Menno Baumann geleitete Forschung „Kinder, die Systeme sprengen" aus dem Jahr 2012. Bei dieser kam heraus:

> „Kinder und Jugendliche, die in hoch-eskalierenden Interaktionsprozessen mit den Hilfesystemen stecken, schaffen durch ihr Verhalten- vor allem die als störend empfundenen Anteile- Kontrolle".[32]

2.2 Das Bedürfnis nach Kontrolle

Ein Kontrollbedürfnis ist grundsätzlich normal. Wenn nun eine passende Maßnahme für den/die Jugendliche/n gefunden werden soll, muss versucht werden, die Lebensrealität des/der Jugendlichen zu rekonstruieren und die Gründe für einen situativen Kontrollverlust auszumachen.

---

[30] Baumann 2018, S. 4f.
[31] Vgl. Baumann 2018, S. 5, zitiert nach Reiser 2006
[32] Vgl. Baumann 2018, S.5, zitiert nach Baumann 2012

Menno Baumann unterteilt diese Situationen in drei Kategorien: Kontrolle bei situativer Unsicherheit, Kontrolle im Rahmen der eigenen Biografie über oder gegen das Hilfesystem und Kontrolle als Überprüfung der Tragfähigkeit des umgebenden Netzwerkes.[33]

2.2.1 Kontrolle bei situativer Unsicherheit

Der Wunsch nach der Erlangung von Kontrolle in situativer Unsicherheit meint, dass „SystemsprengerInnen" nicht fähig sind, soziale Situationen adäquat zu deuten. Dazu gehört das Verhalten anderer, aber auch die Gestik und Mimik. Dies führt zu einer großen Verunsicherung, da die Wahrnehmung und adäquate Deutung des Verhaltens anderer erschwert ist. Somit herrscht keine solide Basis für die eigene Handlungs- und Impulskontrolle.[34] Eine Verbesserung dieser Fähigkeit durch einen Lernprozess aus Beobachtungen und Routinen scheint ebenfalls nur sehr eingeschränkt möglich. Dadurch entsteht bei dem/der „SystemsprengerIn" eine starke Unsicherheit, die nicht aushaltbar ist, und deswegen nach sofortiger Kontrolle verlangt. Die Strategien zur Erlangung dieser Kontrolle gehen weit auseinander, jedoch erzeugen alle durch Zwang ein bestimmtes vorhersehbares Verhalten beim Gegenüber, dies können z.B. plötzliche Wutausbrüche, depressive Verstimmungen mit Selbstverletzung oder spontane Flucht sein.[35] Durch die erzwungene Handlung entsteht Sicherheit. Um diese Erfahrungsform des Kontrollverlustes in pädagogischen Kontexten zu bearbeiten, sollte nicht mit Sanktionen gedroht werden, diese können in den Situationen wenig bewirken. Da in den Momenten selbst kein Platz ist für Folgegedanken an Ausflugs- oder Fernsehverbote. Stattdessen sollte mit dem/der Jugendlichen an der Fähigkeit Emotionen besser auszuhalten und auch krisenfester zu werden, gearbeitet werden. Zusätzlich kann es hilfreich sein, die Orientierung zu stärken, denn diese schafft mehr Sicherheit.

2.2.2 Kontrolle im Rahmen der eigenen Biografie über oder gegen das Hilfesystem

Hier geht es ebenfalls um ein Mangelerleben von Kontrolle in bestimmten Situationen. Anders als bei der eben genannten Form können bei dieser die Jugendlichen soziale Situationen angemessen deuten. Sie befinden sich jedoch auf Grund ihrer Biografie in bestimmten Verpflichtungen, die mit der pädagogischen Hilfe

---

[33] Vgl. Baumann 2018, S. 5ff.
[34] Vgl. Baumann 2018, S. 6
[35] Vgl. Baumann 2018, S. 6

unvereinbar sind. Hierzu zählt z.b. eine Loyalitätsverpflichtung gegenüber der Familie, beispielhaft ein Versorgungsauftrag, welcher mit dem Eindringen des Hilfesystems in die familiären Strukturen kollidiert, oder auch ein Loyalitätskonflikt durch eine positive Entwicklung des Kindes oder des/der Jugendlichen in Folge der Hilfemaßnahme.[36] Es kann sich ferner auch um die Verfolgung implizierter Aufträge oder Lebensthemen handeln, möglich ist außerdem, dass die/der Jugendliche auf Grund seiner Biografie kein Vertrauen mehr zu Erwachsenen aufbauen kann und demzufolge nicht in der Lage ist Hilfe anzunehmen.[37] Aus den genannten Gründen werden Beziehungsaufbauversuche als wenig attraktiv angesehen, viel wichtiger erscheint es, die eigene Autonomie und Unabhängigkeit zu bewahren.[38] Dies kann sich in der Arbeit mit dem/der Heranwachsenden auf mehrere Weisen äußern, so sieht sich der/die PädagogIn z.b. mit einer großen Verhaltensunberechenbarkeit, fehlender Motivation und Kooperation, sowie einer starken Ablehnung konfrontiert. Können diese Verhaltensweisen nicht als Symptome eines speziellen Kontrollbedürfnisses gedeutet werden, kommt es schnell zu Frustration und einer Abwehrhaltung des/der PädagogIn. Um dieser Art des Strebens nach Kontrolle pädagogisch begegnen zu können, muss auf Zwangselemente, soweit es geht, verzichtet werden und die Nähe-Distanz-Regulation möglichst dem Jugendlichen überlassen werden.[39] Dies trägt auf der einen Seite ein großes Risiko in sich, für z.b. Selbst- oder Fremdgefährdungen, auf der anderen Seite kann es, wenn es gelingt, eine gute langfristige Entwicklungsprognose und ressourcenstarke Jugendliche schaffen.[40]

2.2.3 Kontrolle als Überprüfung der Tragfähigkeit des umgebenden Netzwerkes

Bei der Form, die Menno Baumann „Kontrolle als Überprüfung der Tragfähigkeit des umgebenden Netzwerkes"[41] nennt, nehmen die Kinder und Jugendlichen zwar Beziehungsangebote an, benötigen dabei aber ein großes Maß an Kontrolle. Sie können Beziehungen nicht aus sozialen Gründen, wie z.B. Austausch oder Kooperation führen. Beziehungen dienen ihnen als Sicherung der Grundbedürfnisse, wie z.B. Zuwendung, Versorgung oder Sicherheit.[42] Zudem haben sie ständig Angst vor

---

[36] Vgl. Baumann 2018, S. 7
[37] Vgl. ebd.
[38] Vgl. ebd.
[39] Vgl. Baumann 2018, S. 7
[40] Vgl. ebd.
[41] Vgl. Baumann 2018, S. 5ff.
[42] Vgl. Baumann 2018, S. 7f.

Beziehungsabbrüchen und Zurückweisung, deswegen neigen sie dazu, Krisen zu erzeugen, um die Beständigkeit der Beziehung zu testen.[43] Dabei sind die Konflikte nicht zielgerichtet. Der/Die PädagogIn trifft hier auf konfliktreiche Interaktionen, in denen er/sie nach dem aktuellen Gemütszustand des/der Heranwachsenden beste/r FreundIn oder FeindIn ist. Um dieser Form der Kontrolle pädagogisch begegnen zu können, sollten diese Beziehungsmuster so früh wie möglich identifiziert werden, denn wenn sie sich erst einmal etabliert haben, ist es schwer, diese noch zu durchbrechen.[44] Deswegen muss bei dieser Form die Nähe-Distanz-Regulation ganz klar bei den PädagogInnen liegen.

2.3 Begriffsproblematik

Wenn es darum geht, Jugendliche zu beschreiben, die schonungslos die Schwachstellen der Jugendhilfesysteme aufdecken[45], werden Begriffe, wie z.B. „Systemsprenger", „Verweigerer", „Grenzgänger", „schwierige Jugendliche", „Hoch-Risiko-Klientel" oder „Problemjugendliche" verwendet. Auf der einen Seite scheint dies notwendig, um einen Austausch über diese Gruppe von Jugendlichen überhaupt zu ermöglichen. Die Begriffe sind geläufig und auch geeignet, um ein besseres Verständnis für die Anforderungen in der Arbeit mit den Jugendlichen zu bekommen. Auf der anderen Seite sind diese Begriffe vielleicht auch ein Teil des Problems, denn sie beschreiben eine Vielzahl an Phänomenen und nicht die/den Jugendliche/n selbst. Die Verwendung der Begriffe folgt keiner klaren Definition, sie sind somit auch nicht allgemein gültig und werden eher assoziativ verwendet. Zudem darf die Bedeutung der Sprache nicht unterschätzt werden, denn sie gestaltet die Wirklichkeit und kann somit zu einer Stigmatisierung führen.[46] Außerdem wiederspricht sie dem Gedanken der systemischen und traumapädagogischen Sicht, da die oben genannten Begriffe implizieren, dass der Jugendliche die alleinige Verantwortung am Scheitern der Maßnahmen trägt, somit wird diese von den anderen Beteiligten, wie der Familie, dem Hilfesystem und schlussendlich auch der Gesellschaft, genommen.[47]

---

[43] Vgl. ebd.
[44] Vgl. Baumann 2018, S. 8
[45] Vgl. Ostfalia Hochschule Wolfenbüttel 2015, S. 13, nach Knorr 2014, S. 17
[46] Vgl. Ostfalia Hochschule Wolfenbüttel 2015, S. 13
[47] Vgl. Macsenaere 2018, S. 310

Vielmehr muss differenziert werden, dass diese Begriffe keiner diagnostischen Kategorie angehören, sondern eine Interaktionsdynamik zwischen den Akteuren: Jugendliche/r, Familie, Hilfesystem und Gesellschaft beschreiben.[48]

2.4 Wissenschaftliche Erkenntnisse – die EVAS-Studie

Michael Macsenaere[49] evaluierte in der EVAS-Studie erzieherische Hilfen von 50.000 Jugendlichen. Die EVAS-Studie hat sich seit 1999 in erster Linie mit den unterschiedlichen Effekten der Jugendhilfemaßnahmen beschäftigt.

Es wurden trägerübergreifend, bundesweit und sogar europäisch, in Deutschland, Österreich, Luxemburg und den Niederlanden, 250 Institutionen und 14 Hilfearten evaluiert. Hier konnten ebenfalls Erkenntnisse über die sogenannten schwierigen Jugendlichen gewonnen werden.

2.4.1 Erkenntnisse zu den sogenannten „SystemsprengerInnen"

Um diese Gruppe herauszufiltern, wurde ein Jugendhilfekarriereindex entwickelt, der bei den Jugendlichen bei mindestens zehn liegen muss, damit sie als sogenannte „SystemsprengerInnen" zählen. Konkret bedeutet dies, dass mindestens zwei stationäre Hilfen zur Erziehung oder mindestens eine sozialpädagogische Gruppenarbeit plus eine Sozialpädagogische Familienhilfe plus eine Heimerziehung durchlaufen worden sein müssen.[50] Bei einer Anzahl von 50.000 Jugendlichen traf der Jugendhilfekarriereindex von mindestens zehn bei 8.287 Jugendlichen zu.[51] Diese herausgefilterten „SystemsprengerInnen" unterschieden sich bei näherer Betrachtung in folgenden Charakteristika zu den anderen Jugendlichen: sie wiesen ein höheres Alter bei Hilfebeginn (13,2 statt 11,7 Jahren) auf, sie waren häufiger von Wohnungs- und Schulwechsel betroffen, das Sorgerecht lag seltener bei beiden Elternteilen und deutlich öfter bei Vormündern.[52] Zudem gab es auch Unterschiede in den Anlässen für die Hilfemaßnahmen: so gab es häufiger

---

[48] Vgl. Baumann 2018, S. 2
[49] Michael Macsenaere ist Psychologe und leitet in Mainz das Institut für Kinder- und Jugendhilfe seit dem Jahr 2001. Zu seinen Fachgebieten zählen u.a. die Evaluationen im Sozialwesen, die Qualitätsentwicklung und wirkungsorientierte Steuerung und die ressourcenorientierte Pädagogik.
[50] Vgl. Macsenaere 2018, S. 310
[51] Vgl. ebd.
[52] Vgl. Deutsches Institut für Urbanistik und Fachtagung. Arbeitsgruppe Fachtagungen Jugendhilfe 2014, S. 26f.

dissoziale Störungen, Straffälligkeit, Suchtgefährdung, oder Weglauf-Tendenzen.53 Weniger hingegen waren Leistungsprobleme ein Anlass.54 Bei Entwicklungsdefiziten oder internalisierten Störungen konnten keine signifikanten Unterschiede zu den „Nicht-SystemsprengerInnen" festgestellt werden.55 Handelte es sich um familienbezogene Hilfeanlässe, dann waren vor allem häusliche Konflikte, Kindesmissbrauch oder psychische Erkrankungen mindestens eines Elternteils überrepräsentiert.56 Diese Faktoren wirken sich in erheblicher negativer Weise auf die Entwicklung von Schutzfaktoren und Ressourcen aus. Zu den Defiziten bei den „Systemsprengenden" zählen erhöhte Werte bei: ermittelten Straftaten (31,3 % vs. 15, 9%), Verurteilungen (14,3 % vs. 6,9%) und Drogenkonsum (54,1% vs. 32, 6%).57 Außerdem liegen häufiger Symptome und Diagnosen für ADHS, aggressives Verhalten, Delinquenz, dissoziales Verhalten, Bindungsstörungen, Auffälligkeiten im Sexualverhalten, Ängste/Panikattacken und depressive Verstimmungen vor.58

Diese genannten Faktoren führen zu einem deutlich erhöhten Risiko für das Scheitern von Hilfemaßnahmen. Doch welche Faktoren können sich positiv auf die Erfolgswahrscheinlichkeit auswirken?

2.4.2 Wirkfaktoren

Hier konnte ebenfalls herausgearbeitet werden, welche Maßnahmen speziell bei den „SystemsprengerInnen" angesetzt worden sind, und welche Effekte diese hatten. Dies scheint ein sehr wichtiger Ansatz, um die Suche nach geeigneten Maßnahmen für die betroffenen Jugendlichen zu vereinfachen. Mit solchen Ergebnissen kann die Erfolgswahrscheinlichkeit der Maßnahmen gefördert, und der Drehtüreffekt[59] unterbrochen werden.

---

[53] Vgl. ebd.
[54] Vgl. ebd.
[55] Vgl. ebd.
[56] Vgl. ebd.
[57] Vgl. Deutsches Institut für Urbanistik und Fachtagung. Arbeitsgruppe Fachtagungen Jugendhilfe 2014, S. 27
[58] Vgl. Deutsches Institut für Urbanistik und Fachtagung. Arbeitsgruppe Fachtagungen Jugendhilfe 2014, S. 27
[59] Der Begriff „Drehtüreffekt" wird in vielen Bereichen eingesetzt, und beschreibt eine nur sehr kurzfristige und nicht nachhaltige Veränderung, da sehr schnell wieder zum Ausgangszustand zurückgekehrt wird.

Schaut man sich die Hilfeverläufe an wird deutlich, dass jeder Verlauf individuell ist und trotzdem gibt es bestimmte Faktoren, die eine erfolgreiche Arbeit wahrscheinlicher machen. Hierzu konnte, auf Grundlage von etwa 100 wirkungsorientierten Jugendhilfestudien[60], herausgearbeitet werden, dass es speziell bei der Arbeit mit der schwierigen Klientel, darauf ankommt, eine bestmögliche Passgenauigkeit der Hilfen zu erreichen. Damit dies gelingt muss eine Optimierung der Indikationsstellung durch das Jugendamt erfolgen.[61] Um dies zu erleichtern, wäre die Einführung einer systematischen und einheitlichen Diagnostik klar von Vorteil, z.B. die Benutzung von sogenannten Diagnosetabellen.[62]

Zusätzlich erscheint es essenziell den/die HilfeempfängerIn bei der Wahl einer geeigneten Maßnahme miteinzubeziehen und die Hilfeplanung so stark wie möglich auf eine Ressourcenorientierung auszulegen. Denn so kann seine/ihre Kooperation gewährleistet werden. Gestalten sich Hilfeverläufe als eher negativ, sollte frühzeitig reflektiert werden, welche Gründe dies hat und ggf. auch reagiert werden. Das hat zur Folge, dass eine große Flexibilität vom Jugendamt und den Hilfeträgern gefordert ist.

Auch über die Effektivität von unterschiedlichen Maßnahmen für die Arbeit mit den „SystemsprengerInnen" kann die EVAS-Studie Auskunft geben.

---

[60] Vgl. Mascenaere; Esser 2015, S. 7
[61] Deutsches Institut für Urbanistik; Fachtagung. Arbeitsgruppe Jugendhilfe 2014, S. 28f.
[62] Vgl. Macsenaere; Esser 2015, S. 54f.

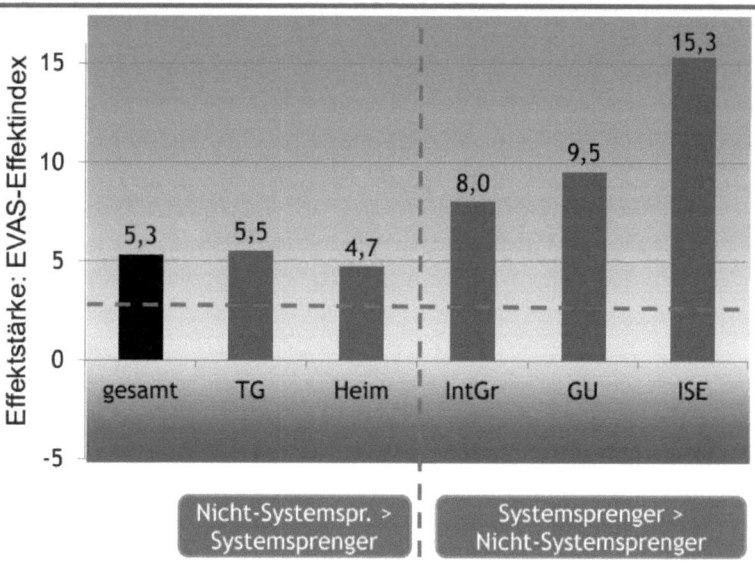

Abbildung 1: Differenzierte Effektstärken in der Arbeit mit den sogenannten „SystemsprengerInnen"[63]

Hierfür konnten folgende Hilfearten ausgewertet werden: die Erziehung in Tagesgruppen, die Heimerziehung, Intensivgruppen, geschlossene Unterbringung und intensive sozialpädagogische Einzelbetreuung. In den Hilfearten: Heimerziehung und Erziehung in Tagesgruppen ist die Anzahl an „SystemsprengerInnnen" eher gering, in den anderen Arten sind sie hingegen überrepräsentiert. Ein direkter Vergleich ist jedoch, aufgrund von nicht parallelisierten Stichproben, nicht möglich. Trotzdem können Vermutungen über die unterschiedlichen Effektstärken getroffen werden. Die Skala zeigt Effektstärken von -5 bis +15. Handelt es sich um eine Effektstärke von 0, so kann von keiner positiven oder negativen Veränderung in Hinsicht auf Ressourcen oder Defizite ausgegangen werden. Ab einer Stärke von +3 können leichte positive Veränderungen ausgemacht werden. Doch erst ab einem Wert von +5 kann man von bedeutenden positiven Effekten sprechen. Der Durchschnittswert für diese Hilfearten liegt, laut Mascenaere, bei +5,3. Dies bedeutet, dass alle Hilfearten einen positiven Effekt auf die Entwicklung der

---

[63] Macsenaere 2015, Folie 41

„SystemsprengerInnen" haben. Selbst in der Erziehung durch Tagesgruppen und der Heimerziehung lassen sich positive Effekte ausmachen. Besonders fällt jedoch auf, dass die spezifischeren Angebote, an der Spitze die individualpädagogischen Angebote, noch deutlich positivere Effekte erzielen.

Auch im Zusammenhang mit der Hilfedauer scheint es bedeutsame Unterschiede zu geben.

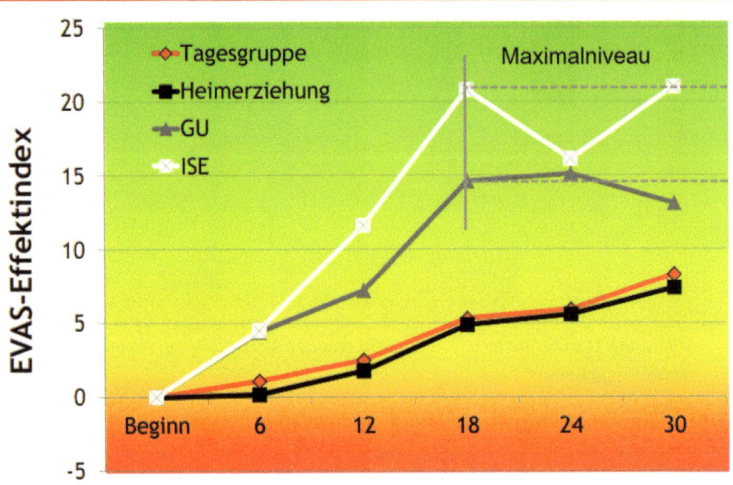

Abbildung 2: Hilfedauer und Effekte unterschiedlicher Maßnahme- Arten in der Arbeit mit den sogenannten „SystemsprengerInnen"[64]

Die Erziehung in Tagesgruppen und die Heimerziehung erreichen im Durchschnitt ab 18 Monaten relevante Effekte. Die geschlossene Unterbringung und die intensiv pädagogische Einzelbetreuung hingegen weisen schon nach 6 Monaten erste Effekte auf. Diese Entwicklung des positiven Anstiegs hält bis zu 18 Monate an. Danach sind keine signifikanten Anstiege mehr zu erwarten.

Um diese positiven Effekte zu erreichen, müssen aber auch bestimmte Wirkfaktoren beachtet werden. Neben der Kooperation aller beteiligten Akteure, z.B. Träger,

---

[64] Deutsches Institut für Urbanistik und Fachtagung. Arbeitsgruppe Fachtagungen Jugendhilfe 2014, S. 33

Jugendamt, HilfeempfängerIn, scheinen weitere Faktoren bedeutsam, um eine positive Entwicklung zu gewährleisten.

Hierzu gehören das Alter beim Hilfebeginn. Umso jünger der/die „SystemsprengerIn" ist, desto wahrscheinlicher ist auch eine erfolgreiche Entwicklung. Wie oben schon genannt, scheint es außerdem sehr wichtig, dass bei der Ausgangsdiagnostik mit Sorgfalt und genügend Zeit vorgegangen wird, damit eine passende Hilfeart gefunden werden kann, und erneute Abbrüche vermieden werden können. Damit dies gewährleistet werden kann, ist ein struktureller Wirkfaktor die Mitarbeiterqualifikation. Zu den prozessualen Wirkfaktoren gehören: die Hilfedauer und eine ressourcenorientierte Hilfeplanung. Außerdem sollte eine Partizipation von Seiten des/der HilfeempfängerIn angestrebt werden. Um eine Maßnahme so attraktiv wie möglich zu gestalten, ist auch ein sicheres Beziehungsangebot maßgeblich, denn die „SystemsprengerInnen" haben genau hier einen großen Mangel, da sie in ihrer Biografie viele Beziehungsabbrüche erleben mussten. Zusätzlich erscheint eine Vor- und Nachbereitung der Maßnahmen ebenfalls essenziell für eine gelingende Hilfe. Gerade bei Maßnahmen, die eine Herausnahme aus dem Lebensumfeld bedeuten, sollte auf eine umfassende Vorbereitung geachtet werden. Hierzu gehört nicht nur die formale Vorbereitung, z.B. Diagnostik, Impfungen, evtl. Passbeantragung, sondern auch eine „sozioemotionale Abfederung"[65], z.B. durch einen Austausch mit Ehemaligen der gleichen Maßnahme, Probe-Wohnen und einer engen persönlichen Begleitung.[66]

Es kann also festgehalten werden, dass alle Maßnahmenarten zu positiven Effekten in der Arbeit mit diesem Klientel führen können. Trotzdem muss gesagt werden, dass spezifische Angebote für „SystemsprengerInnen" noch erfolgreicher und vor allem schneller erfolgreicher sind. Am besten geeignet scheinen die individualpädagogischen Maßnahmen. Jedoch gibt es große Unterschiede in der Umsetzung. So sind die Bereiche der individualpädagogischen und intensivpädagogischen Maßnahmen immer noch Felder, bei denen es an einer fundierten Differenzierung zu einander mangelt. Aus dieser fehlenden Differenzierung der Begrifflichkeiten und ihrer spezifischen Bedeutung resultiert auch ein Mangel an einheitlichen Konzepten und Methoden, die diese Bereiche voneinander trennen, und sie somit im Feld der unterschiedlichen Ausrichtung von Maßnahmen verorten würden.[67] Es scheint,

---

[65] Vgl. Ostfalia Hochschule Wolfenbüttel 2015, S.53
[66] Vgl. ebd.
[67] Vgl. Baumann 2015, S. 8

als würde die Flexibilität und die hohe Betreuungsdichte, zusammen mit der individuellen Ausrichtung dieser Maßnahmen, ursächlich für den Erfolg in der Arbeit mit den sogenannten „SystemsprengerInnen".

2.5 Wie werden Kinder und Jugendliche zu sogenannten „SystemsprengerInnen"? – ein Annäherungsversuch

In den vorhergegangenen Punkten konnte bereits verdeutlicht werden, welche Verhaltensweisen die Gruppe der sogenannten „SystemsprengerInnen" ausmacht. Im Folgenden soll der Versuch unternommen werden, einige der Faktoren näher zu beschreiben, die ursächlich für die Entwicklung von Kindern und Jugendlichen zu den sogenannten „SystemsprengerInnen" sein können.

Es konnte bereits aufgezeigt werden, dass diese Gruppe als Hoch-Risiko-Klientel im doppelten Sinne zu betrachten ist. So stellen sie auf der einen Seite ein großes Risiko für sich und ihre Umwelt dar, auf der anderen Seite hat aber auch ihre Umwelt bisher ein großes Risiko für ihre eigene Entwicklung dargestellt, sodass Anpassungsstrategien entwickelt worden sind, die nun mit dem Hilfesystem kollidieren. Diese Risikofaktoren für die eigene Entwicklung sind u.a. Vernachlässigungen, Misshandlungen und sexueller Missbrauch. Jeder dieser Punkte kann eine Traumatisierung auslösen und über längere Zeit zu einer komplexen posttraumatischen Belastungsstörung, kurz PTBS, führen. Dies gilt ebenfalls, wenn psychische Erkrankungen, Betäubungsmittelmissbrauch oder eigene Traumatisierungen von den Erziehungsberechtigten ausgehen. Traumatisierungen in der Kindheit sind als besonders verheerend einzuordnen, denn es werden „physische und psychische Verletzungen hervorgerufen, die den Entwicklungs- und Sozialisationsprozess nachhaltig beeinträchtigen."[68] Eine komplexe Traumatisierung hat Auswirkungen auf alle Bereiche, das bedeutet, dass die emotionale, kognitive und soziale Entwicklung beeinträchtigt wird. Es kommt zu den klassischen Symptomen, wie z.B. Aggressivität, Störungen der Impulskontrolle, depressive Verstimmungen, innerliche Unruhe und die Tendenz zu selbstverletzendem Verhalten.

Einer der wichtigsten Faktoren für eine gelingende Entwicklung stellt das Vorhandensein mindestens einer sicheren Bindung dar, dies scheint bei den sogenannten „SystemsprengerInnen" aus mehreren Gründen nicht gegeben. Zum einen sind desorganisierte/desorientierte Beziehungserfahrungen bei dieser Klientel sehr

---

[68] Gahleitner; Loch; Schulze 2012, S. 8f., zitiert nach Krall 2007, S. 7f.

ausgeprägt, wodurch das innere Arbeitsmodell der jungen Menschen stark geschädigt wird. Das innere Arbeitsmodell beschreibt die Entwicklung von Mustern zur Vorhersage der Reaktion von Bindungspersonen auf das eigene Verhalten.[69] Zum anderen haben komplexe Entwicklungsstörungen, als Folge von Traumatisierungen, auch große Auswirkungen auf die Bindungs- und Beziehungsfähigkeit der jungen Menschen. Ein weiteres Paradoxon stellt die Struktur des Hilfesystems dar, denn dieses ist, wie im Punkt 2.1.1 beschrieben, ebenfalls auf Brüche ausgelegt. Es gilt, umso mehr Beziehungsabbrüche ein Mensch erlebt, desto wahrscheinlicher wird auch die Entstehung von Bindungsstörungen.[70] Die sogenannten „SystemsprengerInnen" müssen für ihre Klassifizierung, laut EVAS-Studie, einen Jugendhilfeindex von mindestens zehn aufweisen, wie bereits im Punkt 2.4 beschrieben. Sie müssen, um die Klassifizierung „SystemsprengerIn" zu erreichen, bereits mehrere Hilfsarten durchlaufen haben und jede dieser Maßnahmen hatte somit auch Brüche zu verzeichnen.

Hinzu kommt, wie die EVAS-Studienergebnisse zeigen, dass die Gruppe der sogenannten „SystemsprengerInnen" schon von Beginn an über eine deutlich erhöhte Anzahl an Brüchen in der Lebensgeschichte verfügt, hierzu zählen z.B. deutlich mehr Wohnort- und Schulwechsel.[71]

Es scheint, als würde sich eine negative Spirale, mitsamt aller (Beziehungs-) Brüche, zu einer sehr komplexen Beziehungsstörung verfestigen. Dabei scheint es in der Arbeit mit den sogenannten „SystemsprengerInnen", auch laut der EVAS-Studie, enorm wichtig, diese Brüche so gering wie möglich zu halten, auch weil sie das Risiko für weitere Abbrüche von Maßnahmen stark erhöhen.[72] Eine komplexe Bindungsstörung hat nicht nur Auswirkungen auf der sozialen Ebene, sie kann auch mit einer schweren Delinquenz[73] und einer starken Beeinträchtigung der Teilhabe[74] einhergehen.

Wie in 2.1.3 dargestellt, ist das spezifische, negativ bewertete Verhalten von den sogenannten „SystemsprengerInnen" ein für sie selbst sinnhaftes und sinnschaffendes Verhalten. Diese Annahme eines „guten Grundes" wird auch durch die

---

[69] Vgl. Brisch; Hellbrügge 2015, S.108, nach Brisch 1999
[70] Vgl. Schmid 2018, Folie 21, zitiert nach Schleiffer 2002, Pérez et al. 2011, Schröder et al. 2017
[71] Vgl. Schmid 2018, Folie 21, zitiert nach Macsenaere; Knab 2004
[72] Vgl. ebd.
[73] Vgl. Schmid 2018, Folie 21, zitiert nach Ryan/ Testa 2004
[74] Vgl. Schmid 2018, Folie 21, zitiert nach Aarons et al. 2010

Neurobiologie gestützt. Zwar mangelt es noch an aussagekräftigen Studien im Kontext der „SystemsprengerInnen", es lassen sich aber allgemeine Erkenntnisse übertragen.

> „Wir sind aus neurobiologischer Sicht auf soziale Resonanz und Kooperation angelegte Wesen. Kern aller menschlichen Motivation ist es, zwischenmenschliche Anerkennung, Wertschätzung, Zuwendung oder Zuneigung zu finden und zu geben."[75]

Daraus lässt sich schließen, dass die Motivation hinter dem Verhalten der „SystemsprengerInnen" keine allgemeine Abgrenzung oder Ablehnung gegenüber der Umwelt darstellt. Ein weiterer Erklärungsansatz, der die Sinnhaftigkeit des Verhaltens unterstreicht, ist eine klassische Symptombildung nach komplexen unverarbeiteten Traumatisierungen: eine Dissoziationsstörung. Dissoziationen stellen veränderte Bewusstseinszustände dar. Die normalen Integrations- und Assoziationsprozesse im Gehirn werden dabei gestört. Dissoziationen äußern sich in Gefühlen des Wegdriften, benebelt sein und/oder Amnesien. Dies wiederum erschwert soziale Interaktion, indem es häufig zu Formen des Abstreitens, der Vergesslichkeit oder des Leugnens kommt.[76] Folglich kommt es im Rahmen des Hilfesystems oft zu Auseinandersetzungen, wenn Absprachen aus diesen, den Sozialarbeitenden nicht bekannten, Gründen nicht funktionieren. Es entsteht der Eindruck von fehlender Kooperation und Verweigerung der Maßnahme. Wenn dies nicht im Rahmen von Dissoziationen gedeutet werden kann, resultieren daraus häufig „konflikthafte Verschärfungen des Kontakts"[77]. Hinzu kommt, dass in Dissoziationszuständen keine bewusste Steuerung möglich ist, dass bedeutet: alle Handlungen sind für den jungen Menschen selbst unkontrollierbar. Das gilt ebenfalls für aggressive, übergriffige oder selbstverletzende Verhaltensweisen. Eine Dissoziationsstörung führt zu einem gestörten Identitätsbewusstsein, veränderten Erinnerungen und keiner bzw. nur eingeschränkter Kontrolle über den eigenen Körper. Komplexe Traumatisierungen entstehen, wenn Menschen mehrmals, und über einen längeren Zeitraum, traumatische Erfahrungen machen mussten und diese nicht verarbeitet werden konnten. Dies hat auch Auswirkungen auf das menschliche Gehirn, welches sich nutzungs- und gebrauchsabhängig entwickelt. Das wiederum bedeutet, dass

---

[75] Bauer 2007, S. 21
[76] Vgl. Weiß; Friedrich et al. 2014, S. 104f.
[77] Weiß; Friedrich et al. 2014, S. 105

negative Erlebnisse auch negative Spuren im Gehirn hinterlassen, diese verfestigen sich und die Entwicklung wird bedeutsam erschwert.

Traumatische Erfahrungen, desorganisierte/desorientierte Beziehungen und eine deutlich erhöhte Anzahl an Brüchen haben bedeutsame Auswirkungen auf die emotionale, kognitive und soziale Entwicklung. Dies führt u.a. auch zu erheblichen Schwierigkeiten in der sozialen Interaktion, z.B. in Form von ausgeprägten Deutungsschwierigkeiten der Mimik, Gestik und Erwartungshaltung anderer Menschen.[78] Desorganisierte/desorientierte Bindungen und die Erfahrung vieler Brüche sind Ursachen für zerstörte Vertrauensverhältnisse zu anderen Menschen. Traumatische Erfahrungen und ihre Folgesymptome sorgen für Ohnmachtsgefühle und fehlende Kontrolle. Alle genannten Faktoren beschreiben Prozesse eines starken Kontrollverlustes. Dies führt bei den sogenannten „SystemsprengerInnen" zu einem stark ausgeprägten Bedürfnis nach Kontrolle. Um diesem Bedürfnis nachzugehen, neigen sie dazu, in Kontrollverlust-Situationen zu extremen Maßnahmen zu greifen, die vorhersehbare Reaktionen erzwingen. In sozialen Situationen können das z.B. plötzliche Wutausbrüche, depressive Verstimmungen miteinhergehenden Selbstverletzungen oder spontane Flucht sein. Auch können sie dazu neigen, Krisen bewusst zu erzeugen, um die Beständigkeit einer Beziehung zu testen. Auch das zeigt, dass das spezifische Verhalten für den/die „SystemsprengerIn" selbst sinnvoll und sinnschaffend ist.

Zusammenfassend kann festgehalten werden, dass die spezifischen, meist als störend empfundenen, Verhaltensweisen für den jungen Menschen selbst sinnvoll sind. Die sogenannten „SystemsprengerInnen" waren in ihrer Entwicklung Risiken ausgesetzt, die als traumatisch beschrieben werden können. Eine Bewältigung konnte auf Grund von fehlenden Schutzfaktoren, wie einer sicheren Bindung, nicht erfolgen. Diese traumatischen Erlebnisse haben somit zu Bewältigungsstrategien geführt, die außerhalb der Kontrolle der jungen Menschen lagen und die sich nutzungsbedingt im Gehirn verfestigt haben. Diese Bewältigungsstrategien sind mit dem Hilfesystem und vielen vorangegangenen Maßnahmen kollidiert. Die damit neu entstandenen (Beziehungs-)Brüche durch das Hilfesystem verhärten die Problematik noch weiter und erzeugen eine negative Spirale, die ein Aneinanderscheitern noch wahrscheinlicher macht.

---

[78] Vgl. auch Punkt 2.2.1 „Kontrolle bei situativer Unsicherheit"

Traumatisierungen stellen die Grundlage für die komplexen Problemlagen und Verhaltensweisen der sogenannten „SystemsprengerInnen" dar. Gelingt die Betrachtung dieser Klientel unter diesem Aspekt, eröffnen sich völlig neue Wege in der Arbeit mit dieser Klientel. Eine traumapädagogische Herangehensweise könnte, in die sich bildende negative Spirale eingreifen und so möglicherweise die Entwicklung von Kindern und Jugendlichen zu den sogenannten „SystemsprengerInnen" verringern oder sogar verhindern. Um genauer zu verstehen, wie traumatische Erlebnisse in der Kindheit und Jugend auf die Entwicklung einwirken und wie daraus Folgestörungen in den unterschiedlichsten Bereichen entstehen, muss zunächst ein Blick auf den Themenbereich Trauma geworfen werden.

3 Trauma

Dieser Bereich beschäftigt sich mit der Definition und Unterteilung, den Folgen traumatischer Erlebnisse und den Auswirkungen auf die Entwicklung von traumatischen Erlebnissen.

3.1 Definition

Ein Trauma oder auch posttraumatische Belastungsstörung ist laut ICD-10[79] eine „verzögerte [...] Reaktion auf ein belastendes Ereignis oder eine Situation kürzerer oder längerer Dauer, mit außergewöhnlicher Bedrohung oder katastrophenartigem Ausmaß, die bei fast jedem eine tiefe Verzweiflung hervorrufen würde."[80]

3.2 Die Differenzierung von Traumatisierungen

Traumatische Erlebnisse können sehr unterschiedlich sein, sie lassen sich aber in bestimmte Kategorien unterteilen. Zunächst unterteilt man sie anhand der Dauer oder Anzahl an traumatischen Erlebnissen. Einmalige, eher kurzzeitige, Erlebnisse werden als Typ I-Traumatisierung oder auch Monotraumatisierung bezeichnet.[81] Hierzu zählen beispielsweise: Autounfälle oder Überfälle. Wiederholen sich traumatische Erlebnisse und treten über einen längeren Zeitraum auf, spricht man von Typ II-Traumatisierungen[82] oder auch kumulativen Traumatisierungen[83]. Kumulative Traumatisierungen entstehen in der Regel aus zwischenmenschlichen Handlungen. Hieran anschließen lässt sich die zweite Kategorisierung, in akzidentell, also zufällig, oder in interpersonelle, also vom Menschen erzeugte Traumata. Akzidentelle Traumata sind Erlebnisse, die zufällig passieren und nicht von einer anderen Person aktiv ausgelöst wurden, z.B. Unfälle oder Naturkatastrophen. Interpersonelle traumatische Erlebnisse werden hingegen aktiv von Menschen erzeugt, hierzu zählen z.B. zwischenmenschliche Gewalt, Vergewaltigungen oder auch Vernachlässigungen. Interpersonelle Traumatisierungen werden deswegen auch als „man-made-disasters"[84] bezeichnet. Abschließend ist eine weitere Unterteilung

---

79 Das ICD-10 ist weltweit anerkannt und stellt das bedeutendste Klassifikationssystem für medizinische Diagnosen dar.
80 Vgl. Anhang 1: Definition Posttraumatische Belastungsstörung nach dem ICD10
81 Vgl. Gahleitner; Loch; Schulze 2012, S. 7f., zitiert nach Terr 1991/1997
82 Vgl. ebd.
83 Vgl. Gahleitner; Loch; Schulze 2012, S. 7f., zitiert nach Khan 1963
84 Vgl. Gahleitner; Loch; Schulze 2012, S. 11

zu nennen: die individuellen und kollektiven Traumata. Individuelle traumatische Erlebnisse betreffen nur eine Person, kollektive Traumata hingegen betreffen mehrere bis zu sehr vielen Menschen, wie z.B. ausgelöst durch Kriegserlebnisse oder Naturkatastrophen.

Die sogenannten „SystemsprengerInnen" sind häufig betroffen von individuellen, kumulativen Traumatisierungen, die meist interpersoneller Natur sind.

3.3 Wie entstehen Traumata?

Jeder Mensch ist in seinem Leben Situationen ausgesetzt, die zu Stress führen. Diese Stresssituationen führen im Gehirn i.d.R. zu einem schleichenden Destabilisierungsprozess, falls vorhandene Coping-Strategien[85] nicht funktionieren. Im Laufe dieser Destabilisierung gelingt es oft, neue Bewältigungsstrategien zu entwickeln, erweisen sich diese als erfolgreich, wird die unkontrollierbare, zu einer kontrollierbaren Stresssituationen.[86] Im Gehirn laufen dann Reorganisationsprozesse ab, bei denen die neu entdeckten Strategien gefestigt werden. Gelingt es jedoch nicht, die Stresssituation durch alte oder neue Bewältigungsstrategien kontrollierbar zu machen, schreitet der Destabilisierungsprozess voran, bis es irgendwann zu einem Zusammenbruch der integrativen Mechanismen kommt, hierzu zählen die neuronalen, endokrinen und immunologischen Mechanismen.[87]

Dieser Zusammenbruch der genannten Mechanismen führt dann zu einer Manifestation von physischen und psychischen Störungen. Diese fungieren als Notlösung. Kann auch durch diese Störungen keine Bewältigung erfolgen, verstirbt der Mensch.

Entgegen des hier dargestellten Verlaufes in Stresssituationen verlaufen traumatische Situationen nicht schleichend, sondern treten völlig unvermittelt auf, deswegen sind sie auf besondere Weise bedrohlich. Die Destabilisierungsprozesse bei einem traumatischen Erlebnis können somit zu irreversiblen Schädigungen führen, die viel schneller und viel gezielter lebensbedrohlich werden können als schleichende Stresssituationen.

---

[85] Coping-Strategien stellen Verhaltensmuster dar, die sich bei der Bewältigung verschiedener Lebenssituationen bewährt haben, und somit verfestigt wurden.
[86] Vgl. Brisch; Hellbrügge 2015, S. 97f.
[87] Vgl. Brisch; Hellbrügge 2015, S. 97ff.

Eine potenziell traumatische Erfahrung muss jedoch nicht zu einem Trauma werden. Michaela Huber[88] prägte den Begriff der „traumatischen Zange". Dieser Begriff sorgt für eine Verbildlichung und beschreibt gleichzeitig, was in existenzbedrohenden Momenten im Körper passiert und was dazu führt, dass eine Situation traumatisch wird. Kommt es zu einer bedrohlichen Situation, reagiert der Körper mit viel Energie, um entweder fliehen oder kämpfen zu können. Kann die Situation damit bewältigt werden, wird dieses Erlebnis als belastend, aber nicht als traumatisch eingestuft. Kann die Situation damit nicht bewältigt werden, kommt es zu einem Gefühl der Ohnmacht oder Erstarrung. Es entsteht eine traumatische Situation. Ob diese bewältigt werden können, hängt von den Lebensumständen der betroffenen Menschen ab. Zwei Drittel schaffen es, das traumatische Erlebnis erfolgreich zu bewältigen und ohne langfristige Folgen zu verarbeiten.[89] Ein Drittel schafft dies jedoch nicht und hat mit Langzeitfolgen zu kämpfen.

> „Die subjektiv erlebte Bedrohung der eigenen Integrität und die plötzliche Unausweichlichkeit macht ein stressvolles Erlebnis zum Trauma."[90]

Viele der Kinder und Jugendlichen, die in das Jugendhilfesystem kommen, haben traumatische Erfahrungen machen müssen, wie z.B. Vernachlässigungen, wiederholte Beziehungsabbrüche, physische, psychische oder auch sexualisierte Gewalt. Laut verschiedener Studien haben 75 % der fremduntergebrachten Kinder und Jugendlichen jeweils mindestens ein traumatisches Erlebnis erfahren.[91] Im Schnitt sind es sogar ca. zwei Traumatisierungen pro Kind.[92]

Außerdem muss ein Mensch nicht selbst betroffen sein, um ein traumatisches Erlebnis zu erfahren, auch ein Miterleben von traumatischen Situationen anderer, kann ohne gewisse Schutzfaktoren, wie z.B. einer sicheren Bindung, zu einer Traumatisierung führen.

---

[88] Michaela Huber ist Psychotherapeutin, Supervisorin und bildet in Traumabehandlung aus.
[89] Vgl. Gahleitner; Loch; Schulze 2012, S. 7, zitiert nach Huber 2003, S.22
[90] Korittko; Pleyer 2013, S. 33
[91] Vgl. Gahleitner; Frank; Leitner 2015, S.172, zitiert nach Studienergebnissen von Jaritz; Wiesinger;Schmid 2008
[92] Vgl. Macsenaere; Klein 2011

3.3.1 Die Bedeutung der eigenen Lebensumstände

Es gibt verschiedene Faktoren, die als Schutzfaktoren dienen können, und somit Langzeitfolgen von traumatischen Erlebnissen verhindern können. Als sehr bedeutend ist hier eine sichere Bindung anzuführen, diese muss nicht unbedingt zu den Eltern sein, es kann sich dabei auch um Großeltern oder andere Personen aus dem direkten Umfeld handeln.[93] Zur wichtigsten Bezugsperson wird die Person, die am besten auf die Bedürfnisse des Kindes eingeht. Dies qualifiziert auch eine sichere Bindung. Begründet liegt das schon in unserer Genetik:

> „Das Bindungssystem stellt ein primäres, genetisch verankertes motivationales System dar, das zwischen der primären Bezugsperson und dem Säugling [...] nach der Geburt aktiviert wird und überlebenssichernde Funktionen hat."[94]

Die Bezugsperson sorgt somit für Gefühle der Sicherheit und Geborgenheit. Dies hat Auswirkungen auf die psychische Gesundheit und die soziale Entwicklung und stellt damit auch einen sehr wirksamen Faktor bei der Verarbeitung von Traumatisierungen dar.

Weiterführend können Faktoren, wie ein stabiles soziales Umfeld, eine unbelastete Biografie und eine unterstützende Umwelt das Risiko für traumatische Langzeitfolgen deutlich mindern. Die Bedeutung der unterstützenden Umwelt ist dabei nicht mit dem Faktor einer sicheren Bindung gleichzusetzten. Vielmehr geht es um eine gesellschaftliche Haltung zu den traumatischen Erlebnissen. Wird den traumatischen Erlebnissen gesellschaftlich begegnet, durch z.B. die Bereitstellung von speziell darauf ausgelegten Einrichtungen, wie Therapieeinrichtungen oder Frauenhäusern, werden Erzählräume geschaffen.[95] Diese sind wichtig, um bei den Opfern ein Wir-Gefühl zu schaffen, und ihnen zu zeigen, dass sie mit der Belastung nicht allein sind, und sie gehört werden. Außerdem scheint es bedeutend, wie in der Öffentlichkeit mit den TäterInnen umgegangen wird. Eine klare Benennung der Verantwortlichen und die öffentliche Prozessmachung können helfen, die Schuld für das traumatische Erlebnis durch bestimmte Bewältigungsmechanismen nicht bei sich selbst zu suchen.[96]

---

[93] Vgl. auch Ergebnisse der „Kauai"- Studie (1977) von Emmy Werner (Entwicklungspsychologin)
[94] Brisch 2018, S.36 nach Bowlby (ohne Jahreszahl)
[95] Vgl. Gahleitner; Loch; Schulze 2012, S. 10, nach Ploil 2001
[96] Vgl. weiterführend auch Loch 2006

Dem entgegengesetzt werden folgend erschwere Umstände und Faktoren für eine gelingende Verarbeitung angeführt. Die Monotraumatisierungen haben oft deutlich bessere Verarbeitungsprognosen als die kumulativen Traumatisierungen. Das liegt u.a. daran, dass letztere wesentlich komplexer sind und deutlich schwerwiegendere Folgen mit sich bringen. So kommt es oft zu vielschichtigen Dissoziationsprozessen.[97]

Allgemein sorgen Mehrfachtraumatisierungen für eine komplexe somatische, psychische und soziale Veränderung im System des Menschen. Verschiedene Bewältigungsmechanismen führen vor allem bei den Typ II- Traumatisierungen, aufgrund der mangelnden Coping-Strategien, zu der Ausbildung von unterschiedlichen Verhaltensauffälligkeiten, wie z.B. Gewalt, Diebstahl oder Betäubungsmittelmissbrauch.

In der Kindheit und Jugend ist es wichtig, ein zugewandtes soziales Umfeld zu erleben, damit sich der junge Mensch entwickeln kann. Eine Traumatisierung verändert das eigene Verhältnis zum Körper und kann zu einer verzerrten Wahrnehmung und Verarbeitung des Bewusstseins und der Emotionen führen. Nicht vorhandene sichere Bindungen verschlimmern diesen Prozess. Diese Verzerrungsprozesse können soweit führen, dass der junge Mensch keine bewusste Erinnerung mehr an das/die traumatischen Erlebnis/se hat.

Besonders folgenschwer sind hierbei die sogenannten interpersonellen oder „man-made-disasters". Denn die soziale Bindung fungiert gleichzeitig als Schutzfaktor und Bewältigungsstrategie, bei einer Traumatisierung durch die Bindungsperson ist dies jedoch nicht mehr vorhanden. Kinder und Jugendliche, die diese traumatischen Erfahrungen machen mussten, haben meist nur noch die Bewältigungsstrategie einer gezielten Abkopplung und Veränderung der eigenen Wahrnehmung/Verarbeitung. Gelingt dies, wird diese Strategie ebenfalls im Gehirn verfestigt. Diese Abkopplung oder Veränderung der eigenen Wahrnehmung und Verarbeitung führt jedoch langfristig zu, von außen nicht nachvollziehbaren, Entwicklungen und Verhaltensmustern. Diese sind z.B. Störungen der Affektregulation und des Sozialverhaltens, Bewusstseinsveränderungen, Grenzüberschreitungen,

---

[97] Vgl. weiterführend Janet: Aufteilung der Persönlichkeit (1889), van der Hart: Strukturelle Dissonanz (2004) und verfolgtes Selbst (2008)

mangelnde Orientierung, sowie ausgeprägte Lern-, Aufmerksamkeits- und Kontaktstörungen.[98]

Die Frage, ob ein traumatisches Erlebnis Langzeitfolgen hat oder verarbeitet werden kann, hängt auch vom individuellen Entwicklungsstand zum Zeitpunkt der Traumatisierung ab. Traumatisierungen in der Kindheit sind deswegen besonders bedeutsam, weil junge Menschen sich noch in der emotionalen, kognitiven und sozialen Entwicklung befinden und die traumatischen Erlebnisse „physische und psychische Verletzungen hervorrufen, die den Entwicklungs- und Sozialisationsprozess nachhaltig beeinträchtigen."[99]

Auch muss angeführt werden, dass es zwar mittlerweile eine Enttabuisierung von sexueller Gewalt gibt, dies bedeutet aber nicht, dass die Enttabuisierung auch in der Gesellschaft verankert ist. Es scheint, dass die Gesellschaft immer noch vor der Aufgabe steht, ihre Haltung konsequent zu vertreten, indem sie hinschaut, eine fürsorgliche Lebenswelt schafft und die Verantwortlichen benennt und bestraft.[100]

Eine frühzeitige Intervention kann auf die entwickelten Defizite positiv einwirken. Wichtig hierbei ist der Faktor: frühzeitig. Denn die Neurobiologie konnte herausfinden, dass das menschliche Gehirn sich nutzungs- und gebrauchsabhängig entwickelt. Das wiederum bedeutet, dass negative Erlebnisse auch negative Spuren im Gehirn hinterlassen und soziales Lernen erschweren können. Ein pädagogischer Einfluss hingegen kann dazu beitragen, diese Gehirnstrukturen zu korrigieren. Das wird jedoch deutlich erschwert, sofern sich diese Strukturen mit steigendem Alter und lebensweltbedingt verfestigen. Dadurch kommt es häufig zu Kollisionen der entwickelten Problematik und den Anforderungen des Hilfesystems. Können diese Kollisionszustände nicht erfolgreich überwunden werden, kommt es zu Abbrüchen und einer Verfestigung der problematischen Strukturen.

Die Bearbeitung von traumatischen Langzeitsymptomen erfordert ein großes Maß an Bemühen auf allen Ebenen. Soll dieser Prozess gelingen, sind eine verlässliche und kontinuierliche Bindung und professionelle Hilfe, wie z.B. von Heilerziehungspflegenden, Sozialarbeitenden und PsychologInnen, nötig. Ist der Mensch in der Lage eine Komm-Struktur101 einzuhalten, lässt sich eine Therapie anraten. Kann

---

[98] Vgl. Brisch; Hellbrügge 2015, S. 103f.
[99] Vgl. Gahleitner; Loch; Schulze 2012, S. 8, zitiert nach Krall 2007, S. 7f.
[100] Vgl. Gahleitner; Loch; Schulze 2012, S. 8
[101] Vgl. Gahleitner; Loch; Schulze 2012, S. 9

diese Struktur, z.B. auf Grund von komplexen Problemlagen, eingeschränkten Handlungsmöglichkeiten oder mangelnder Unterstützungsfaktoren nicht eingehalten werden, werden diese Menschen AdressatInnen der Sozialen Arbeit.[102]

3.3.2 Symptome einer posttraumatischen Belastungsstörung

Traumatische Situationen rufen bestimmte Belastungsreaktionen hervor, zu diesen zählen: Unruhe, Schlafstörungen, Verstörung und (kurzfristige) Amnesie.[103] Gelingt die Verarbeitung, klingen die Reaktionen nach wenigen Wochen ab. Ist dies der Fall, handelt es sich um eine akute Form der Posttraumatischen Belastungsstörung. Können traumatische Erfahrungen nicht verarbeitet werden, kommt es zu der Entwicklung von Langzeitfolgen. Diese müssen nicht unmittelbar auftreten, die traumatische/n Erfahrung/en kann/können auch soweit verdrängt werden, dass Folgesymptome erst deutlich später und unvermittelt auftreten.[104] Folglich bleiben sie als solche oft unerkannt, wodurch Unsicherheit und auch Unverständnis bei den Fachkräften erzeugt werden. Zu den klassischen Reaktionen einer chronischen PTBS gehören: Übererregung, Wiedererleben und Vermeidung.[105]

Eine Übererregung, auch Hyperarousal genannt, äußert sich in dauerhaftem Stress, dies liegt daran, dass sich die Person in einen Zustand der deutlich erhöhten Wachsamkeit für die eigene Umwelt befindet. Alle menschlichen Systeme sind auf erneute bedrohliche Situationen eingestellt, sodass jederzeit ein Kampf- oder Fluchtverhalten aktiviert werden könnte. In der Alltagsbewältigung äußert sich dies u.a. in starker innerlicher Unruhe, Konzentrationsschwäche, unvermittelte Impulsausbrüche und Orientierungsschwierigkeiten.[106] Die größten Auswirkungen einer Übererregung zeigen sich jedoch in der sozialen Interaktion. So scheinen betroffene Menschen gereizt und unberechenbar, sodass es zu Missverständnissen und, von außen betrachtet, grundlosen Ausbrüchen kommt.[107] Diese sind natürliche Reaktionen auf die traumatischen Erlebnisse und können ohne therapeutische Hilfe nicht überwunden werden.

---

[102] Vgl. ebd.
[103] Vgl. Scherwath; Friedrich 2016, S. 26
[104] Vgl. weiterführend auch Fischer/ Riedesser 2009 „verzögerte PTBS"
[105] Vgl. Scherwath/Friedrich 2016, S. 27
[106] Vgl. Scherwath/Friedrich 2016, S. 27
[107] Vgl. Baumann 2019, S. 67f., zitiert nach Sutterlüty 2003

Die Intrusion hingegen beschreibt das Wiedererleben der traumatischen Situation. Dies kann sich in Form von Bildern, Empfindungen, Gedanken oder auch Alpträumen äußern und wird als Flashback bezeichnet.[108] Erlebt der Betroffene einen Flashback, ist es ihm unmöglich, zwischen der jetzigen Situation und dem damaligen Erlebnis zu unterscheiden. Flashbacks werden durch sogenannte „Trigger" hervorgerufen. In der traumatischen Situation kommt es zu einer fragmentierten Speicherung der Eindrücke, dies ist vergleichbar mit Scherben aus einem zerbrochenen Spiegel. Die einzelnen Fragmente tauchen dann später in normalen Alltagssituationen auf und fungieren als die sogenannten „Trigger". Trigger fungieren als Auslösereize, diese können Blicke, Geräusche, Gefühle, bestimmte Wörter/ Sätze oder auch Berührungen sein.[109]

Sie führen zu einer sofortigen Aktivierung des Körpers, diese kann sich in Kampf, Flucht, Bindungssuche, unterwürfiges Verhalten oder auch Erstarren äußern.[110] Diese Aktivierung wird eingeleitet, wenn die sogenannten Trigger an die traumatische Erfahrung erinnern. Ist sie erst einmal im Gange, kann sie zunächst nicht durch kognitive Funktionen unterbrochen werden. Die Nachwirkungen eines Flashbacks sind mit denen einer akuten PTBS vergleichbar. Trotz der großen Beeinträchtigung in der Alltagsbewältigung, die Flashbacks erzeugen, sind sie ein Versuch der Heilung.[111] Durch das Wiederhervorbringen sollen neue Verarbeitungsstrategien gefunden werden. Passiert dies jedoch ohne eine therapeutische Begleitung, erschwert es das Leben des Betroffenen bedeutsam.

> „Frühere langanhaltende Traumatisierungen können in eine Fragmentierung der Gesamtpersönlichkeit in unterschiedliche Persönlichkeitsanteile münden – und führen zu gedämpfter Lebendigkeit.[112]

Die Vermeidung ist der Versuch einer Beruhigung und Erholung.[113] Allerdings hat diese Reaktion auf ein traumatisches Ereignis oft zur Folge, dass sich Betroffene in ihrer eigenen Lebensgestaltung stark eingrenzen, weil mögliche Trigger und damit einhergehende Flashbacks vermieden werden sollen. Alkohol-, Tabletten- und Drogenmissbrauch sind vor allem bei der Vermeidung zu verzeichnen, da dies die

---

[108] Vgl. Scherwath/Friedrich 2016, S. 28
[109] Vgl. Ostfalia Hochschule Wolfenbüttel 2015, S. 19
[110] Vgl. Ostfalia Hochschule Wolfenbüttel 2015, S. 21
[111] Vgl. Scherwath/Friedrich 2016, S. 30
[112] Vgl. Ostfalia Hochschule Wolfenbüttel 2015, S. 21 nach Heller; Lapierre 2012, S.184
[113] Vgl. Scherwath/Friedrich 2016, S. 31 nach Krüger 2007

Wahrnehmung beeinflusst und trübt. Der größte Aspekt der Vermeidung scheint jedoch die Neigung zu Dissoziationen zu sein. Dissoziationen stellen einen psychischen Schutz dar. Sie haben bislang keine einheitliche Definition, können aber als veränderte Bewusstseinszustände und einer Abspaltung von sich selbst beschrieben werden. Damit verhindern sie die normalen Integrations- und Assoziationsprozesse im Gehirn. Sie führen im Alltag oft zu Gefühlen des Wegdriften oder benebelt sein und Amnesien. Dies wiederrum kann in sozialen Interaktionen zu Formen des Abstreitens, der Vergesslichkeit und des Leugnens kommen.[114] In diesen Zuständen ist ebenfalls keine bewusste Steuerung möglich. Dies führt zu einem gestörten Identitätsbewusstsein, veränderten Erinnerungen und keiner bzw. nur eingeschränkter Kontrolle über den eigenen Körper.

Die genannten Reaktionen sind als Verhaltensweisen einer chronisch gewordenen PTBS zu verstehen. Kommt es zu komplexen Traumatisierungen in der Kindheit entwickelt sich meist eine weitere Form der PTBS: die DESNOS. DESNOS steht für die englische Bezeichnung „Disorder of Extreme Stress not Otherwise Specified".[115] Bislang hat diese keine ihr eigens zugeordneten Diagnosekriterien. Die Merkmale sind jedoch dieselben, die auch bei beiden anderen Formen der PTBS auftreten, allerdings werden sie noch ergänzt durch eine verstärkte Symptomausprägung im Bereich der emotionalen Verarbeitung.[116] So treten zusätzlich Verhaltensweisen wie selbstverletzendes Verhalten, eine chronische Sinn- und Hoffnungslosigkeit und Suizidgedanken oder eine Suizidalität auf.[117]

3.4 Trauma auf Grund von Gewalt

In Deutschland fanden Dunkelfeldstudien heraus, dass ca. 18-26% der Kinder und Jugendlichen eine gewaltbelastete Kindheit haben oder erlebt haben, 10% sind körperlicher Misshandlung ausgesetzt, 35% haben „leichte" sexuelle Gewalterfahrungen gemacht und 15% waren schwerer sexueller Gewalt ausgesetzt.[118] Kinder und Jugendliche im Hilfesystem haben in ihrer Entwicklung traumatische Erfahrungen, vor allem auf Grund von Gewalt, gemacht. Gewalt stellt eine der häufigsten Traumaursachen dar. Sie gehört zu den „man-made-disastern" und ist somit nicht

---

[114] Vgl. Scherwath/Friedrich 2016, S. 31
[115] Vgl. Scherwath/Friedrich 2016, S. 32
[116] Vgl. Scherwath/Friedrich 2016, S. 32f.
[117] Vgl. Scherwath/Friedrich 2016, S. 32
[118] Vgl. Ostfalia Hochschule Wolfenbüttel 2015, S.18, zitiert nach Goldberg 2011, S.65f.

zufällig. Gewalt lässt sich in 4 Formen unterteilen: die psychische, physische, sexuelle Gewalt und Vernachlässigung. In vielen Fällen kommt es zu Vermischungen der einzelnen Gewaltformen. Alle Formen haben gemeinsam, dass sie zu psychischen und/oder physischen Verletzungen führen, die wiederrum zu Verzögerungen in der Entwicklung werden können und sogar bis zum Tod führen können. Trotzdem haben alle auch Unterschiede in den Ursachen und Auswirkungen, weswegen eine separate Betrachtung notwendig ist.

3.4.1 Psychische Gewalt

Tritt psychische Gewalt wiederholt auf, „entfaltet sie ihre Wirkung eher als ständiges Beziehungsmerkmal"119. Psychische Gewalt vermittelt den Betroffenen Wertlosigkeit. Dies wird erzeugt durch Handlungen, wie z.b. Ablehnung, Ausnutzung, Isolation oder Terrorisierung.120 Vor allem Kinder und Jugendliche brauchen für eine gelingende Entwicklung der Persönlichkeit verlässliche und kontinuierliche Zuwendung und das Wissen, dass sie um Ihretwillen geliebt und auch akzeptiert werden. Wird psychische Gewalt angewendet, um zu bestrafen, können die Entwicklung und die Bindung darunter stark leiden. Oft zeigen sich die Auswirkungen von psychischer Gewalt auch in der sogenannten Parentifizierung121. Bei dieser sind die Rollenverhältnisse zwischen Kind und Erwachsenem vertauscht. Außerdem ist psychische Gewalt schwer von den anderen Gewaltformen abgrenzbar und tritt somit selten allein auf.

3.4.2 Physische Gewalt

> „Unter physischer Gewalt werden gewaltsame Handlungen gegen einen Menschen verstanden, die unangemessen sind und körperliche Verletzungen hervorrufen, die in manchen Fällen bis hin zum Tode führen können."122

Dies können z.B. Schläge, Kneifen, Treten, Verbrennungen und Knebeln sein.[123] Auch Schütteln gehört dazu, grade Schütteln ist bei Säuglingen sehr gefährlich, da es zu erheblichen Beeinträchtigungen führen kann. Hierzu zählen Entwicklungs-

---

[119] Vgl. Gahleitner; Loch; Schulze 2012, S. 13, zitiert nach Kindler 2006, S.4f.
[120] Vgl. Gahleitner; Loch; Schulze 2012, S. 13
[121] Vgl. Gahleitner; Loch; Schulze 2012, S. 13, zitiert nach Boszormenyi-Nagy; Spark 1973/1995 und Erdheim 2006
[122] Vgl. Gahleitner; Loch; Schulze 2012, S. 15
[123] Vgl. ebd.

verzögerungen, Beeinträchtigung des Selbstwertgefühls und des Körperbewusstseins.[124] Physische Gewalt ist in der Regel keine Einzeltat und tritt somit wiederholt auf. Dabei kann sie sowohl geplant als auch affektiv erfolgen.

3.4.3 Vernachlässigung

Schone[125] definiert die Gewaltform der Vernachlässigung wie folgt:

> „Vernachlässigung als andauernde oder wiederholte Unterlassung fürsorglichen Handelns sorgeverantwortlicher Personen, das zur Sicherstellung psychischer und physischer Versorgung notwendig wäre."[126]

Konkret bedeutet dies, dass emotionale Zuwendung und die basale Unterstützung nicht gewährleistet werden. Hierzu zählt u.a. eine mangelhafte Versorgung mit Nahrung, Kleidung und Wohnraum, aber auch eine nicht vorhandene Einflussnahme auf den Schulbesuch oder andere Auffälligkeiten, wie Delinquenz oder Betäubungsmittelmissbrauch.[127]

Vernachlässigung kann sowohl aktiver als auch passiver Natur sein. Im Gegensatz zur aktiven, bewussten Vernachlässigung, ist die passive Vernachlässigung gekennzeichnet durch Unwissenheit oder Überforderung.

3.4.4 Sexuelle Gewalt

> „Unter sexueller Gewalt wird jede sexuelle Handlung verstanden, die an oder vor einem Menschen gegen dessen Willen vorgenommen wird oder der er aufgrund von Unterlegenheit physischer, psychischer, kognitiver, sprachlicher oder sozialer Unterlegenheit nicht wissentlich und frei zustimmen kann."[128]

Sexuelle Gewalt ist niemals zufällig, sie ist immer eine gezielte Tat. Bei dieser Form der Gewalt fällt besonders auf, dass sie schichtenübergreifend ist, das bedeutet, dass Täter und Opfer aus allen Schichten kommen. Die Opfer fühlen sich oft isoliert, ohnmächtig und hilflos.[129] Hinzu kommt, der hier deutlich ausgeprägte Geheim-

---

[124] Vgl. ebd.
[125] Reinhold Schone ist als Professor für Management und Organisation in der Sozialen Arbeit an der Fachhochschule Münster tätig. Zu seinen Arbeitsschwerpunkten zählen u.a. die Jugendhilfeplanung, Hilfen zur Erziehung und der Kinderschutz.
[126] Vgl. Gahleitner; Loch; Schulze 2012, S. 13, nach Schone 1997
[127] Vgl. Gahleitner; Loch; Schulze 2012, S. 13
[128] Vgl. Gahleitner; Loch; Schulze 2012, S. 14, zitiert nach Bange 1992
[129] Vgl. Gahleitner; Loch; Schulze 2012, S. 14

haltungsdruck, einerseits aus Scham, andererseits auch speziell bei Vorfällen innerhalb der Familie. Dies liegt auch an der immer noch vorhandenen Tabuisierung sexueller Gewalt innerhalb der Gesellschaft.

3.4.5 Zeugenschaft

Zu diesen vier Formen der Gewalt kommt eine weitere, passive Form hinzu, die ebenfalls eine Traumatisierung erzeugen kann: die Zeugenschaft. Sind Kinder- und Jugendliche wiederholt Zuschauer bei Gewalthandlungen innerhalb der Familie, kann dies ebenfalls Traumatisierungen erzeugen.[130] Der junge Mensch ist dann einerseits einer Identifizierung mit dem gewalterlebenden Familienteil ausgesetzt und andererseits oft mit Scham- und Schuldgefühlen auf Grund des gewalttätigen Familienteils konfrontiert. Dies sorgt für eine starke innerliche Zerrissenheit.

3.5 Die Bedeutung von Traumatisierungen für die Entwicklung – ein kurzer Anriss

Alle Gewaltformen schädigen die Bindung und somit auch die Identitätsentwicklung nachhaltig und können auch die Beziehungsfähigkeit allgemein langfristig schädigen.

3.5.1 Entwicklungsverzögerungen als Folge von Traumatisierungen

Treten traumatische Erlebnisse in der frühen Kindheit auf, hat dies besonders Auswirkungen auf die Entwicklung. Sind Kinder von komplexen Traumatisierungen betroffen, kommt es im Gehirn zu traumaadaptiven Anpassungsreaktionen. Dies betrifft alle Bereiche der Entwicklung. So kommt es zu Verzögerungen bei emotionalen, kognitiven und sozialen Entwicklungsaufgaben. Können diese nicht mehr bewältigt werden, führt der hieraus entstandene Misserfolg zu einer Identitätskrise oder auch sozialen Anpassungsproblemen, die erschweren dann wiederum die erfolgreiche Bewältigung der folgenden Entwicklungsaufgaben und Herausforderungen.

---

[130] Vgl. Gahleitner; Loch; Schulze 2012, S. 15, zitiert nach Dlugosch 2009; Kavemann/Kreyssig 2007; Strasser 2007

3.5.2 Bindungsstörungen

Die Bedeutung von sicheren Bindungen wurde schon aufgezeigt. Erleidet ein junger Mensch traumatische Ereignisse, kann schon mindestens eine positive Bindung zu einer Bezugsperson einen großen Unterschied bei der Traumabewältigung ausmachen. Erfolgt eine Traumatisierung jedoch durch die Bezugsperson, z.B. in Form eines „man-made-disasters" kann sich der junge Mensch nicht mehr auf diese Art der sozialen Unterstützung verlassen. Dieselbe Problematik entsteht bei desorganisierten Bindungen. Zwar gibt es keinen direkten Zusammenhang zwischen einer unsicheren/desorganisierten Bindung und der Entwicklung zu einer Bindungsstörung, jedoch kann eine desorganisierte/desorientierte Bindung selbst schon als traumatisch angesehen werden. Denn diese zerstört das innere Arbeitsmodell eines jungen Menschen.

Eine desorganisierte/desorientierte Bindung ist in vielen Fällen als Folge unverarbeiteter Traumatisierungen der Bezugspersonen zu sehen. Die spezifischen Verhaltensweisen einer unverarbeiteten Traumatisierung führen in der Interaktion zu einer großen Verunsicherung des Kindes. Dies lässt sich wie folgt erklären: auf der einen Seite benötigt das Kind die Bezugspersonen zur Absicherung in beängstigenden Situationen, auf der anderen Seite aber werden diese beängstigenden Situationen durch die Bezugspersonen ausgelöst. Es kommt zu einer innerlichen Zerrissenheit und Orientierungslosigkeit. Somit kann die Bindungsstrategie nicht greifen. Vor allem traumatische Erfahrungen in der frühen Kindheit haben große Auswirkungen auf die Beziehungsfähigkeit des Menschen. So zeigen 80% der Kinder und Jugendlichen nach Traumatisierungen auf Grund von Vernachlässigung, Gewalt oder sexuellem Missbrauch desorganisierte Verhaltensweisen.[131]

3.5.3 Die ACE-Studie

Die ACE-Studie (ACE = Adverse Childhood Experiences) ist eine amerikanische Studie, die sich mit Folgeerkrankungen aufgrund von Traumatisierungen in der Kindheit beschäftigt hat. Hierbei wurden über 17.000 Erwachsene befragt.[132] Die Studie konnte deutlich aufzeigen, dass es einen Zusammenhang zwischen erlebten Traumatisierungen in der Kindheit und späteren psychischen und physischen Erkrankungen gibt. Dabei konnte festgehalten werden, dass umso mehr traumatische

---

[131] Vgl. Brisch 2018, S. 42
[132] Vgl. Hahlweg (ohne Jahreszahl) Folie 6, zitiert nach Felitti et al. 1998

Erlebnisse ein Mensch in der Kindheit macht, umso größer sind auch die negativen Einflüsse auf die spätere Gesundheit.

Die ACE-Studie zog zehn Arten von traumatischen Erlebnissen heran, diese entsprachen lediglich einer Auswahl der am häufigsten erlebten Kindheitstraumata. Dabei sind fünf Traumatisierungen direkt auf die Person bezogen, hierzu zählen: körperliche Misshandlung, sexueller Missbrauch, emotionaler Missbrauch, körperliche Vernachlässigung und emotionale Vernachlässigung.[133] Die verbleibenden fünf Traumata-Arten beziehen sich hingegen auf das familiäre Umfeld der Person. Hierzu zählen: häusliche Gewalt gegenüber einem Elternteil, Suchtmittel-Missbrauch im Haushalt, psychische Erkrankungen im Haushalt, Trennung oder Scheidung der Eltern und Inhaftierung eines Familienmitgliedes.[134]

In der Studie wurden nur Traumatisierungen bis zum 18. Lebensjahr berücksichtigt. Der Fragebogen der Studie beinhaltete für jede der zehn Traumatisierungsarten eine Frage. Jede positiv beantwortete Frage ergab einen Punkt. Diese Punkte wurden dann in den sogenannten ACE-Score zusammengefasst.

Die Auswertung der ACE-Studie zeigte, dass ca. zwei Drittel der Befragten Personen mindestens ein Kindheitstrauma erlebt haben, ein Achtel hatten sogar mindestens vier Traumata erlitten.[135] Hierbei konnte auch herausgearbeitet werden, dass Kindheitstraumatisierungen in allen sozialen Schichten vorkommen, außerdem haben sie einen großen Einfluss auf die spätere physische und psychische Gesundheit. Auch hierbei gilt, umso mehr Traumatisierungen erlitten worden sind, umso größerer negative Auswirkungen hat dies auf die gesundheitliche Entwicklung.

Die Studie gibt ebenfalls Auskunft über die quantitativ am häufigsten auftretenden Kindheitstraumata, dies sind körperliche Misshandlung mit 28,3%, Suchtmittel-Missbrauch im Haushalt mit 26,9%, Trennung oder Scheidung der Eltern mit 23,3% und sexueller Missbrauch mit 20,7%.[136]

Neben physischen gesundheitlichen Folgen wie z.B. einem erhöhten Risiko zur Nikotinabhängigkeit, an Krebs oder Herz- und Lungenerkrankungen zu erkranken, weist die Studie auch ein erhöhtes Risiko für psychische Erkrankungen, wie z.B. an

---

[133] Vgl. Hahlweg (ohne Jahreszahl), Folie 6f.
[134] Vgl. ebd.
[135] Vgl. Hahlweg (ohne Jahreszahl), Folie 7
[136] Vgl. Felitti et al. 2007

Depressionen zu erkranken, Selbstmord zu begehen oder an einer Essstörung zu erkranken, auf.

Im weiteren Verlauf dieser Arbeit wird genauer auf die psychischen Folgen eingegangen.

Alkohol- und Drogenmissbrauch sind als klassische Selbstmedikation, mit dem Ziel des Stressabbaus, zu betrachten. Das Risiko nach Traumatisierungen alkohol- oder drogenkrank zu werden, steigt rapide an. Bereits nach zwei erlebten Traumatisierungen steigt das Risiko um das Dreifache.

Depressionen sind ebenfalls als eine klassische Folge von Traumatisierungen zu betrachten. Hier steigt ebenfalls das Risiko mit der Anzahl an Traumatisierungen. Mit den Depressionen geht auch die Entwicklung von suizidalen Tendenzen einher. Dies erklärt ebenfalls, die schon bei Kindern- und Jugendlichen beobachtbaren Tendenzen zur Selbstverletzung und Suizidalität.

All diese erhöhten Risiken für die gesundheitliche Entwicklung haben auch Auswirkungen auf andere Bereiche, wie z.B. Delinquenz, Schwierigkeiten in der Schule, ungewollter Schwangerschaft, Vergewaltigungen und Obdachlosigkeit.

Besonders auffällig erscheint auch, dass sexueller Missbrauch in der Kindheit die Wahrscheinlichkeit stark erhöht, auch später Opfer von Vergewaltigungen zu werden.[137] Dies deckt sich ebenfalls mit den oben schon angeführten „Reinszenierungen/Wiedererleben" als Folge von Traumatisierungen. Allgemein scheinen Missbrauchserfahrungen auch zu einer besonders frühen Entwicklung der Sexualität zu führen, was dann oft in Verbindung mit ungewollten Schwangerschaften steht.

---

[137] Vgl. Beckmann et al. 2009, S.149ff., zitiert nach Hindley 2006

4 Traumapädagogik

Die Entstehung der Traumapädagogik lässt sich in die 1990er Jahre einordnen. Doch ihre Wurzeln liegen tiefer. So können als Ursprünge vor allem die Reformpädagogik[138], die Heilpädagogik[139], die Pädagogik der Befreiung[140] und die Milieutherapie[141] gesehen werden. Diese wurden mit weiteren pädagogischen Konzepten für den Umgang mit traumatisierten jungen Menschen ergänzt, z.b. durch Kühn[142], Vogt[143], Weiß[144] und Uttendörfer[145].

Die Notwendigkeit der Traumapädagogik wird auch begründet durch die Tatsache, dass im Bereich der Traumaversorgung von Kindern und Jugendlichen, HeilpädagogenInnen und SozialarbeiterInnen den größten Berufsanteil einnehmen. Dies vor allem bei multidimensionalen Verstrickungen und komplexen Traumafolgestörungen. Erkennbar ist das auch im hohen prozentualen Anteil an traumatisierten Kindern und Jugendlichen in stationären Maßnahmen von 75%.[146]

---

[138] Hier besonders Montessori z.B. 1938/1981, mit der Einstellung „Hilf mir, es selbst zu tun." Weiterführend auch Pestalozzi z.B. 1799/2010 und Korcak z.B. 1919/1967.

[139] Hier besonders Georgens und Deinhardt z.B. 1861/1863.

[140] Hier besonders Freire z.B. 1971/1975.

[141] Hier besonders Bettelheim z.B. 1964/1973, Winemann z.B. 1951/1970 und Redl z.B. 1971.

[142] Martin Kühn ist Dipl.-Behindertenpädagoge und hat eine zusätzliche Qualifikation in der systemischen Familientherapie und -beratung. Zusätzlich ist er im SOS-Kinderdorf Worpswede Bereichsleiter und Vorsitzender der BAG Traumapädagogik. Außerdem war er Mitgründer der Internetseite www.traumapaedagogik.de.

[143] Volker Vogt gründete zusammen mit Kühn die Internetseite www.traumapaedagogik.de.

[144] Wilma Weiß ist Dipl.- Pädagogin und Dipl.-Sozialpädagogin. Viele Jahre hat sie in den unterschiedlichsten Arbeitsfeldern mit traumatisierten Kindern und Jugendliche gearbeitet. Sie war zusätzlich eine der Initiatoren bei der Gründung der BAG Traumapädagogik.

[145] Jochen Uttendörfer ist Dipl.-Psychologe und entwickelte das Konzept der traumazentrierten Pädagogik.

[146] Vgl. Gahleitner; Frank; Leitner 2015, S. 172, zitiert nach Schmid 2008

Klüschke[147] verdeutlicht, dass Soziale Arbeit/Sozialpädagogik ein sehr wichtiger Teil der Traumapädagogik ist:

> „In ihrer Aufgabe, Ungleichheit und sozialen Dysfunktionen entgegenzuwirken, liegt es in der Verantwortung Sozialer Arbeit, die eingangs benannte Schnittstelle zwischen individueller, sozialer, physischer, medizinischer und ökonomischer Realität zu erforschen, zu erfassen und konzeptionell aufzuarbeiten."[148]

4.1 Definition

> „Traumapädagogik kann man als neue Fachrichtung begreifen, die sich den Bedürfnissen der ihr anvertrauten Kinder und Jugendlichen zu stellen versucht, indem sie mit bewährten Erfahrungen und aktuellen Erkenntnissen aus verschiedenen Disziplinen nach innovativen Wegen der Betreuung, Begleitung und Behandlung sucht."[149]

Die hier angeführte interdisziplinäre Ausrichtung, bildet zusammen mit den pädagogischen Wurzeln, die Grundlage für die Traumapädagogik. Zu dieser interdisziplinären Ausrichtung zählen und haben beigetragen die Fachgebiete: Erziehungswissenschaften, Soziale Arbeit, Psychotraumatologie, Psychoanalyse, Bindungs- und Resilienzforschung, einige therapeutische Disziplinen und die Neurobiologie.[150] Gerade weil sich die Traumapädagogik auf interdisziplinäres Denken und Handeln stützt, stellt sie kein statistisches Gebilde dar, sondern ist aufgrund der sich ständig verändernden und komplexen Problemlagen in Bewegung. Traumapädagogik kann also als eine offene Fachrichtung in der Entwicklung ihrer interdisziplinären Arbeitsfelder gesehen werden. Ihr Ziel ist es, sowohl die jungen, traumatisierten Menschen, als auch die mit ihnen arbeitenden Fachkräfte zu unterstützen. Dies geschieht vor allem auf der Grundlage der traumapädagogischen Herangehensweise.

Obwohl die Traumapädagogik in den letzten Jahrzehnten an Bedeutung gewonnen hat, und damit nun an vielen Stellen vorzufinden ist, scheint es starke Unterschiede in der Absicht, Intensität, den Rahmenbedingungen, und folglich in der Umsetzung, zu geben.

---

[147] Wilhelm Klüsche ist Psychologe und lehrte bis 2005 Klinische Psychologie und Theorie der Sozialen Arbeit an der Fachhochschule Niederrhein in Mönchengladbach.
[148] Lang; Schirmer et al. 2013, S.51, zitiert nach Klüsche 1999
[149] Gahleitner; Frank; Leitner 2015, S. 180
[150] Vgl. Gahleitner; Frank; Leitner 201, S. 173, nach Weiß 2013, S35f.

4.2 Traumapädagogisches Herangehen

Die traumapädagogische Herangehensweise stützt sich auf folgende grundlegende Faktoren: den guten Grund, Wertschätzung, Partizipation, Transparenz, Freude und ein kontinuierliches und verlässliches Beziehungsangebot.

Traumapädagogische Haltung

Traumatisierendes Umfeld	Traumapädagogisches Milieu
› Unberechenbarkeit	› Transparenz/Berechenbarkeit
› Einsamkeit	› Beziehungsangebote/Anwaltschaft
› Nicht gesehen/gehört werden	› Beachtet werden/wichtig sein
› Geringschätzung	› Wertschätzung (Besonderheit)
› Kritik und Demotivation	› Lob und Ermutigung
› Bedürfnisse missachtet	› Bedürfnisorientierung
› Ausgeliefert sein - Andere bestimmen absolut über mich	› Vieles mitbestimmen können - Partizipation
› Leid	› **Freude**

Abbildung 3: Traumapädagogische Haltung auf ein traumatisierendes Umfeld[151]

Wie die Grafik zeigt, sind traumatische Lebensbedingungen oft gekennzeichnet durch: Unberechenbarkeit, Einsamkeit, fehlender Interaktion, Geringschätzung, Kritik und Demotivation, Bedürfnismissachtung, fehlender Partizipation und Leid.[152]

Die traumapädagogische Herangehensweise bildet das pädagogische Plädoyer zu den Missständen in der Lebenswelt der Kinder und Jugendlichen, indem sie versucht, diese Missstände durch das positive, entwicklungsfördernde Gegenteil auszugleichen.

---

[151] Schmid 2018, Folie 79
[152] Schmid 2018, Folie 79

Die Annahme des guten Grundes für das Verhalten der Kinder und Jugendlichen ist in der Traumapädagogik essenziell. Junge Menschen, die traumatische Erfahrungen machen mussten, haben zur Bewältigung Verhaltensweisen entwickelt, die im Hilfesystem große Herausforderungen hervorrufen. Oft ist es leichter, die Schuld für diese Herausforderungen bei den jungen Menschen selbst zu suchen, die vermeintlich nicht kooperieren, aggressiv sind oder ständig weglaufen. Die Annahme des guten Grundes schätzt diese Verhaltensweisen als Anpassungsleistung der Kinder und Jugendlichen, und versucht nicht, gegen diese anzukämpfen, sondern sie im Kontext der Lebensgeschichte der Kinder und Jugendlichen zu verstehen. Denn der junge Mensch muss sich erst wertgeschätzt und angenommen in seiner Art und Weise fühlen, um alte Verhaltensweisen ablegen und ändern zu können.

Die Annahme des guten Grundes beruht auf Wertschätzung. Diese Wertschätzung ist ebenfalls als eine Grundannahme zu betrachten. Kinder und Jugendliche aus einem traumatischen Umfeld haben nicht die Erfahrung gemacht, dass sie um ihrer selbst willen wertgeschätzt werden. Dies führt zu ausgeprägten Defiziten in der Entwicklung des Selbstbewusstseins und Selbstvertrauens. Nur wer sich wertgeschätzt fühlt, kann eine positive Beziehung zu sich selbst entwickeln und führen. Weiterführend ist Wertschätzung auch die Grundlage für soziale Interaktion und Kommunikation untereinander, z.B. bei Konflikten.

Transparenz geht einher mit der Partizipation, beides scheint aus folgenden Gründen wichtig:

> „Transparenz und Partizipation sind Korrektive der Erfahrungswelt traumatisierter Menschen: Transparenz: weil sie die Überschaubarkeit, die Sicherheit der Mädchen und Jungen erhöht, Partizipation korrigiert die Erfahrungen von Ohnmacht."[153]

Hat ein junger Mensch z.B. die Erfahrung machen müssen, dass sein direktes Umfeld unberechenbar agiert, versucht Traumapädagogik für das Kind oder den Jugendlichen so transparent wie möglich zu sein, und damit Berechenbarkeit zu schaffen und die Partizipation zu fördern. Eine gelebte Partizipation äußert sich schon in der Hilfeplanung, indem der junge Mensch aktiv in die Zielformulierung und auch in die Maßnahmenwahl einbezogen wird.

Traumatisierte junge Menschen mussten viel Leid erfahren, denn Traumata gehen mit Gefühlen wie Ohnmacht, Wut und Scham einher. Werden diese nicht durch ein

---

[153] Vgl. Ostfalia Hochschule Wolfenbüttel 2015, S. 26, nach Weiss 2003, S.115

schützendes Lebensumfeld ausgeglichen, kommt es zu einem starken Ungleichgewicht. Die Förderung von Spaß und Freude sind nötig, um das Ungleichgewicht wieder auszugleichen. Außerdem kann positives Erleben die Konstruktivität, das Lernen und die Entwicklung nachhaltig unterstützen.[154]

Genauso bedeutsam im Umgang mit traumatisierten Kindern und Jugendlichen ist ein verlässliches und kontinuierliches Bindungsangebot. Durch desorganisierte/desorientierte Beziehungsmuster oder auch viele Beziehungsabbrüche wurde das Vertrauen in Beziehungen stark erschüttert. Daraus entwickeln sich Bindungsstörungen bei den Kindern und Jugendlichen. Hinzu kommen außerdem die Traumafolgestörungen in der sozialen Entwicklung, die das Aufbauen und Führen von Beziehungen erschweren. Folglich haben viele Kinder und Jugendliche mit traumatischen Erfahrungen mit großer Einsamkeit umgehen müssen. Traumapädagogik versucht eine verlässliche und kontinuierliche Bindung zu gewährleisten, und somit wieder Vertrauen in Beziehungen zu schaffen, sodass Bindungsstörungen bearbeitet werden können.

4.3 Positive Effekte einer traumapädagogischen Herangehensweise

Eine traumapädagogische Herangehensweise erzeugt Effekte auf mehreren Ebenen. Im Folgenden sollen vier bedeutsame aufgezeigt und erläutert werden. Dazu gehören die Ebene der Erziehungsberechtigten, die des/der AdressatIn, die der Fachkräfte und die des Jugendamtes.

Auf der Ebene der Erziehungsberechtigten kann eine traumapädagogische Herangehensweise präventiv wirken, indem sie einer transgenerationellen Weitergabe von traumatischen Erfahrungen der Erziehungsberechtigten an die nächste Generation entgegenwirkt. So kann eine frühzeitige Erkennung einer Traumatisierung der Erziehungsberechtigten Interventionswege eröffnen, die einer transgenerationellen Weitergabe der Traumatisierung entgegenwirkt. Die Entstehung einer transgenerationalen Traumatisierung[155] kann wie folgt beschrieben werden:

---

[154] Vgl. Lang et al. 2013, S. 89
[155] Vgl. Gahleitner; Loch; Schulze 2016, S. 22f., nach Rosenthal 1997

„Die Schädigung des Ich und seiner Instrumente durch das Trauma, die im Grunde schließlich die Unintegrierbarkeit des Traumas herbeiführt, scheint auch ein Grund der Transmission zur nächsten Generation zu sein. Was nicht contained werden kann, wird sozusagen metastiert."[156]

Spezifische Verhaltensweisen einer unverarbeiteten Traumatisierung, wie z.b. Dissoziationen, Betäubungsmittelmissbrauch oder psychische Folgeerkrankungen beeinträchtigen nicht nur das Leben der Betroffenen, sondern wirken sich auch auf die Lebenswelt der Kinder aus. Die Auswirkungen einer Transmission äußern sich in einer unsicheren Bindung zum Kind, in vertauschten Rollen innerhalb der Familienstruktur und diffusen Schuldgefühlen beim Kind. Zudem kommt es oft zu einer Identifikation mit dem leidenden Elternteil. Die Übermittlung stellt dabei keine bewusste Handlung dar, sondern erfolgt durch die spezifischen Verhaltensweisen des traumatisierten Erziehungsberechtigten. Wird dies frühzeitig erkannt und dort interveniert, z.b. in Form von Therapieangeboten, Unterstützung durch sozialpädagogische Familienhilfen oder Erziehungsbeiständen, kann einer transgenerationellen Traumatisierung entgegengewirkt, und somit auch einer desorganisierten/desorientierten Bindung begegnet, im besten Fall sogar vorgebeugt werden. Dies hat folglich auch präventive Auswirkungen auf die Bindungsfähigkeit des/der Kindes/Kinder, auf soziale Fähigkeiten und die psychische Widerstandsfähigkeit. Zudem darf die Bedeutung der sozialen Herkunft nicht unbeachtet bleiben, vor allem weil Loyalitätsbindungen mit die häufigsten Gründe für Abbrüche darstellen. Es scheint also für eine gelingende Entwicklung nötig zu sein, das Herkunftssystem soweit wie möglich mit einzubeziehen.

Eine traumasensible Herangehensweise ist in allen Maßnahmenarten sinnvoll. Wird durch erste sozialpädagogische Maßnahmen oder Angebote, meist ambulanter Art, schon erkannt, dass Verhaltensauffälligkeiten und/oder Entwicklungsstörungen bestehen, sollte dies auch unter dem Blickwinkel möglicher Traumafolgestörungen beobachtet und dokumentiert werden. Traumatisierungen können durch Bewältigungsstrategien soweit verdrängt werden, dass sie den Kindern und Jugendlichen selbst nicht mehr bewusst sind. Dies erschwert eine Diagnostik enorm, u.a. deswegen scheint eine fachliche Qualifizierung im Bereich der Traumapädagogik von großer Bedeutung. Unterstützt wird dies auch durch die hohe Zahl,

---

[156] Gahleitner; Loch; Schulze 2016, S. 23, zitiert nach De Levita 1998, S. 94

nämlich 75%[157], an traumatisierten Kindern und Jugendlichen im Bereich der Fremdunterbringung. So scheint es nicht besonders überraschend, dass sich pädagogische Fachkräfte in diesem Bereich großen Belastungen ausgesetzt fühlen. Die Ergebnisse der MAZ-Untersuchung[158] verdeutlichen diese Belastung in Zahlen. In den vergangenen drei Monaten wurden 80% der Fachkräfte beleidigt. 25% wurden angegriffen, 9% davon sogar mit einer Waffe oder Vergleichbarem bedroht. Beobachtet wurden von 41% der Fachkräfte selbstverletzendes Verhalten der Kinder und Jugendlichen und von 29% Gewalt untereinander. Sexuelle Übergriffigkeit unter den Kindern und Jugendlichen haben 10% der Fachkräfte beobachtet. Einen versuchten Suizid haben 9%, und 1% der Fachkräfte hat sogar einen vollendeten Suizid, miterlebt.[159] Die Arbeit mit traumatisierten Kindern und Jugendlichen kann auch bei den Fachkräften starke Emotionen auslösen und eine Sekundärtraumatisierung erzeugen. Um dies zu verhindern, ist es nötig, dass die Fachkräfte selbst über psychische Stärke verfügen und sich diese erhalten. Dazu braucht es neben einem stabilen und Sicherheit gebenden Privatleben, auch die Achtsamkeit und Fürsorge der Einrichtungsleitung. Die traumapädagogische Herangehensweise muss auf allen Ebenen gelebt werden, damit Fachkräfte gesund und damit dem Arbeitgeber erhalten bleiben. Falls es zu Eskalationen kommt, ist nicht das Problemverhalten der Jugendlichen entscheidend, sondern die Tragfähigkeit des Teams.[160] Fühlen sich die Fachkräfte, aufgrund der besonderen Herausforderungen mit traumatisierten Kindern und Jugendlichen, überfordert und orientierungslos, entsteht schnell ein Kreislauf des Weiterreichens in andere Maßnahmen.

Dieser Kreislauf kann schon vor der Entstehung verhindert werden, indem das Jugendamt von der traumasensiblen Herangehensweise profitiert. Um die Entstehung von den sogenannten „SystemsprengerInnen" zu verhindern, ist es entscheidend, dass die Passung zwischen dem/der Heranwachsenden und der Maßnahme so gut wie möglich ist, damit erneute Abbrüche verhindert werden können. Soll

---

[157] Vgl. Gahleitner; Frank; Leitner 2015, S.172, zitiert nach Studienergebnissen von Jaritz; Wiesinger; Schmid 2008

[158] MAZ steht für „Modellversuch zur Abklärung und Zielerreichung in stationären Maßnahmen" und wurde finanziell vom Bundesamt für Justiz unterstützt. Er wurde gemeinsam mit der Kinder- und Jugendpsychiatrischen Klinik Basel und der Universitätsklinik Ulm durchgeführt. Die Ergebnisse lieferten Aussagen über die psychischen Belastungen und Hilfeverläufe von Kindern und Jugendlichen in sozialpädagogischen Einrichtungen.

[159] Vgl. Schmid 2018, Folie 38

[160] Vgl. Schmid 2018, Folie 82

dies gelingen, muss eine sozialpädagogische Diagnostik mit Sorgfalt und genügend Zeit erfolgen. Nur so kann gewährleistet werden, dass adäquat und ressourcenorientiert auf die Bedürfnisse des Heranwachsenden eingegangen wird. Oft werden vorschnelle Entscheidungen über notwendige neue Maßnahmen aufgrund eines akuten Handlungsbedarfs, einer genauen Analyse, warum die Maßnahme gescheitert ist, vorgezogen. Eine gezielte Fort- und Weiterbildung im Bereich der Traumapädagogik vermittelt Fachkräften im Jugendamt Kompetenzen, mit denen sie traumatische Erfahrungen im Lebenslauf leichter erkennen können, und somit Verhaltensweisen neu bewertet werden können. Zusätzlich wird die Erfolgswahrscheinlichkeit einer Hilfeplanung durch die traumapädagogischen Grundlagen: der Annahme des Guten Grundes, der Ressourcenorientierung und Partizipationsförderung erhöht. Dies kann bereits ab der ersten Maßnahme eine Passung fördern und somit die Entstehung eines Weiterreich- und Abbruchskreislaufs verhindern. Wird dieser Kreislauf durchbrochen, kann auch die Verfestigung der Problematik verhindert werden, denn jeder erneute Abbruch verhärtet eine Beziehungsstörung. Vergleicht man die Erkenntnisse aus Punkt 2.4, wird deutlich, dass die sogenannten „SystemsprengerInnen" ein durchschnittlich höheres Alter, nämlich 13,2 Jahren statt 11,7 Jahren, bei Hilfebeginn aufweisen. Das bedeutet, dass die Verhaltensauffälligkeiten und negativen Beziehungserfahrungen sich ohne korrigierenden, pädagogischen Einfluss verfestigen konnten. Eine positive Entwicklung wird dann mit steigendem Alter deutlich schwieriger. Kann eine frühzeitige Intervention und adäquate Passung jedoch gewährleistet werden, ist eine positive Entwicklung wahrscheinlich.

Der/die sogenannte/n „SystemsprengerIn" hat, wie in Punkt 2.5 schon erwähnt, viele Entwicklungsrisiken erleben müssen. Traumatische Erfahrungen wurden gemacht und haben sich zu komplexen Traumatisierungen etabliert. Diese komplexen Traumatisierungen hatten wiederrum Auswirkungen auf die emotionale, soziale und kognitive Entwicklung. Es haben sich Bewältigungsstrategien bewährt, die nun die vorhandenen Hilfesysteme zu sprengen scheinen. Sie haben in ihrem Lebenslauf eine Vielzahl an Brüchen erlebt. Auch in Jugendhilfemaßnahmen stehen sie vor neuen Brüchen, denn das für sie sinnhafte und sinnschaffende Verhalten kollidiert auch hier mit den Systemen. Sie haben die Erfahrung machen müssen, dass sie für das Scheitern von Maßnahmen verantwortlich gemacht werden.[161] Es gab keine verlässliche und kontinuierliche Bezugsperson, die als Schutzfaktor in

---

[161] Vgl. Scherwath; Friedrich 2016, S.61

der Entwicklung hätte fungieren können. Zusätzlich haben sie, aufgrund ihrer traumatischen Erfahrungen, ein erhöhtes Bedürfnis nach Kontrolle.

Traumapädagogik begegnet den Kindern und Jugendlichen mit Annahme, Wertschätzung, einem verlässlichen und kontinuierlichen Beziehungsangebot, Freude, Transparenz und Partizipation. Die traumapädagogische Herangehensweise schätzt die individuellen Bewältigungsstrategien und versucht nicht gegen diese anzukämpfen: „Deine Symptome sind normale Reaktionen auf ein unnormales Ereignis."[162]

Das Kind/der/die Jugendliche kann sich um Seinetwillen wertgeschätzt und angenommen fühlen. Er/Sie muss nicht das Gefühl haben, allein mit seinen traumatischen Erfahrungen zu sein und sich für diese schämen zu müssen. Die Bereitstellung einer kontinuierlichen und verlässlichen Bindung, kann das Vertrauen in Beziehungen wiederherstellen, und somit helfen, eine entwickelte Beziehungsstörung abzubauen. Außerdem sind Bindungspersonen eine der Schlüsselkomponenten, um einen Zugang zu den eigenen Ressourcen zu ermöglichen und dadurch neue Lösungsstrategien zu entwickeln.[163]

Durch die Wertschätzung und Annahme des Kindes oder des/der Jugendlichen kann neues Selbstvertrauen gewonnen werden. Es wird Raum für Selbstwirksamkeitserfahrungen geschaffen. Das hilft auch dabei, die Selbstbemächtigung wieder zu gewinnen.

> „Selbstbemächtigung bedeutet, die Befreiung von Abhängigkeit und Ohnmacht. Menschen, die sich ihrer selbst bemächtigen, werden zu aktiv handelnden Akteuren, die sich ein mehr an Selbstbestimmung, Autonomie und Lebensregie erstreiten. Mädchen und Jungen, die in extremer Weise Objekt von Bedürfnissen von Erwachsenen waren, brauchen eine Unterstützung, die sie in die Lage versetzt, sich aus Abhängigkeit zu befreien, und Subjekt ihres Lebens zu werden."[164]

---

[162] Ostfalia Hochschule Wolfenbüttel 2015, S. 23, zitiert nach Besser 2010
[163] Vgl. Ostfalia Hochschule Wolfenbüttel 2015, S.25, nach Lewine 2012, S.266f.
[164] Ostfalia Hochschule Wolfenbüttel 2015, S.25, zitiert nach Weiss 2009, S.157

Transparenz und Partizipation sind in der Traumapädagogik ebenfalls aus folgendem Grund entscheidend:

> „Transparenz und Partizipation sind Korrektive der Erfahrungswelt traumatisierter Menschen: Transparenz: weil sie die Überschaubarkeit, die Sicherheit der Mädchen und Jungen erhöht, Partizipation korrigiert die Erfahrungen von Ohnmacht."[165]

Wird Transparenz und Partizipation gezielt gefördert, haben die Kinder/Jugendlichen das Gefühl, in ihren Bedürfnissen und Wünschen ernst genommen zu werden und selbst mitgestalten zu können. Das schafft außerdem mehr Kontrolle für das Kind oder den/die Jugendliche/n.

Weiterführend stellt sich nun die Frage, welche Effekte eine traumapädagogische Herangehensweise bei den schon vorhandenen „SystemsprengerInnen" erzielen kann. Es lässt sich festhalten, dass eine traumapädagogische Herangehensweise positive, korrigierende Erfahrungen möglich macht.[166] Diese werden ggf. nicht direkt von dem/der „SystemsprengerIn" als solche erkannt, sondern erst Jahre später als wertvoll und nützlich angesehen. In jedem Fall schaden positive Erfahrungen niemanden. Optimalerweise können „passende" PädagogInnen einen Zugang zu dem jungen Menschen gewinnen und ihn/sie mit der Zeit an eine Therapie heranführen. Im Zusammenspiel, der traumapädagogischen Herangehensweise und der Therapie, könnte es dann gelingen, die negative Spirale zu durchbrechen.

---

[165] Ostfalia Hochschule Wolfenbüttel 2015, S. 26, zitiert nach Weiss 2003, S.115
[166] Vgl. auch Punkt 2.4.1 „Erkenntnisse zu den sogenannten „SystemsprengerInnen"": Im Durchschnitt kann jede Maßnahme positive Effekte erzielen.

5 Fazit und Ausblick

Diese Bachelorarbeit hat aufgezeigt, welche Verhaltensweisen die sogenannten „SystemsprengerInnen" ausmachen, und für diese Verhaltensweisen Erklärungsversuche in der Lebensgeschichte gesucht und auch gefunden. Dabei ist klar geworden, dass diese Klientel selbst großen Entwicklungsrisiken ausgesetzt war, und sie für sich durchaus sinnvolle Bewältigungsstrategien entwickelt hat, die nun mit dem Hilfesystem kollidieren. Diese Entwicklungsrisiken können als traumatisch beschrieben werden. Da die Klientel wiederholt und über einen längeren Zeitraum diesen traumatischen Erlebnissen ausgesetzt waren, haben sie komplexe Traumafolgestörungen erlitten. Diese haben sich auf alle Bereiche der Entwicklung ausgewirkt. Um mit diesen Erlebnissen umgehen zu können, wurden die individuellen Bewältigungsstrategien entwickelt. Doch werden diese Verhaltensweisen, die von außen oft wie eine mangelnde Kooperation, Verweigerung und Ablehnung wirken, viel zu selten als Folgen schwerer Traumatisierungen gesehen. Obwohl es bedeutsame Studien zu den Langzeitfolgen von Traumatisierungen in der Kindheit, z.B. die ACE-Studie, gibt, sind diese immer noch weitgehend unbekannt. Auch das Feld der Traumapädagogik scheint auf den ersten Blick literarisch gut aufgestellt zu sein, und beruft sich auf lang zurückliegende pädagogische Wurzeln, und trotzdem scheint sie in vielen Einrichtungen noch nicht angekommen, geschweige denn, verankert zu sein.

Eine traumapädagogische Herangehensweise kann Kindern und Jugendlichen, die auf Grund fehlender Schutzfaktoren Entwicklungsstörungen ausgebildet haben, helfen, diese Störungen abzubauen. Die traumapädagogischen Grundlagen ermöglichen eine gezielte pädagogische Förderung, um den erlebten Missständen in der Entwicklung zu begegnen. Eine traumapädagogische Herangehensweise kann somit auf vielen Ebenen wirken. Auf der Ebene der Fachkräfte kann sie für ein besseres Verständnis gegenüber den Kindern und Jugendlichen sorgen und somit für Entlastung sorgen, weil nicht gegen die vermeintliche mangelnde Kooperation oder die Verweigerung angekämpft werden muss. Zusätzlich stärkt eine traumapädagogische Herangehensweise von Seiten der Leitungsebene die Fachkräfte, sodass sie den Belastungen besser gewachsen seien können. Das Kind oder der/die Jugendliche wird in seinen Bewältigungsstrategien verstanden und akzeptiert, er/sie muss nicht gegen die Maßnahme ankämpfen. Transparenz und Partizipation vermitteln ihm/ihr ein Gefühl von Kontrolle. Das Angebot einer verlässlichen und kontinuierlichen Bindung ermöglicht es, wieder Vertrauen zu finden und Bindungsstörungen abzubauen. Zudem werden das Selbstbewusstsein und das

Erleben von Selbstwirksamkeit gefördert. Dies hat auch Auswirkungen auf die Kompetenz zur Entwicklung neuer Lösungsstrategien. Das kann bei den betroffenen Kindern und Jugendlichen einen großen Unterschied für das Gelingen einer Maßnahme machen. Zusätzlich kann durch die traumapädagogische Herangehensweise präventiv mit Familien gearbeitet werden, in denen das Risiko für transgenerationelle Weitergaben von Traumatisierungen besteht. So kann schon frühzeitig erneuten Traumatisierungen und damit komplexen Folgestörungen vorgebeugt werden. Hinzu kommt, dass die Eltern von Anfang an miteinbezogen werden und Loyalitätsverpflichtungen als Abbruchgrund vermindert werden können, wenn das Hilfesystem nicht gegen das Herkunftssystem antreten muss, sondern beide, zum Wohl des Kindes/ des Jugendlichen, zusammenarbeiten. Die vierte hier beschriebene Ebene ist die des Jugendamtes. Eine traumapädagogische Herangehensweise fördert die Sensibilisierung für Traumafolgestörungen und macht eine Passung somit wahrscheinlicher. Dies steigert auch enorm die Effizienz, da Kosten und Ressourcen im Vergleich eingespart werden können. Alle genannten Auswirkungen einer traumapädagogischen Herangehensweise können den Kreislauf und die negative Spirale durchbrechen, in denen sich viele traumatisierte Kinder und Jugendliche befinden. Somit kann auch dem Aneinanderscheitern und der Entstehung von Kindern und Jugendlichen zu sogenannten „SytemsprengerInnen" vorgebeugt werden. Eine traumapädagogische Herangehensweise hat ebenfalls positive Auswirkungen auf die schon vorhandenen „SystemsprengerInnen", so fördert die Traumapädagogik positives Erleben, was in vielen Lebensläufen bisher eine Mangelerscheinung darstellte. Im besten Fall beggnen die sogenannten „SystemsprengerInnen" dem/der „passenden" PädagogIn und können daraufhin gemeinsam den Kreislauf durchbrechen.

Auch wenn eine traumapädagogische Herangehensweise präventiv wirken kann und auch viele positive Effekte in der Arbeit mit den sogenannten „SystemsprengerInnen" erzeugt, so hat sie doch auch ihre Grenzen. Das spezifische Verhalten, welches nicht selten höchst selbst- und fremdgefährdend ist, kann in einigen Settings nicht getragen werden. Zudem reicht es nicht, wenn eine traumapädagogische Herangehensweise lediglich von den PädagogInnen umgesetzt wird, auch die Leitungsebene muss sich dieser Herangehensweise verschreiben und somit ihre Fachkräfte stärken.

Zusammenfassend muss festgehalten werden, dass sich eine traumapädagogische Herangehensweise auf vielen Ebenen positiv auswirkt, und die Entwicklung von Kindern und Jugendlichen zu den sogenannten „SystemsprengerInnen" deutlich verringern kann. Doch damit dies gelingen kann, müssen noch mehr Fachkräfte traumapädagogisch geschult werden. Zudem müssen Einrichtungen eine traumapädagogische Herangehensweise auf allen Ebenen unterstützen und umsetzten. Wenn dies zukünftig gelingen könnte, wäre das ein großer Gewinn für alle Beteiligten: die Kinder und Jugendlichen selbst, die Eltern/Familien, die Fachkräfte, die betroffenen Einrichtungen und schlussendlich somit auch für die Gesellschaft.

Literaturverzeichnis

Bauer, Joachim (2007): Prinzip Menschlichkeit. Warum wir von Natur aus kooperieren. 5. Aufl. Hamburg: Hoffmann und Campe.

Baumann, Menno (2010): Kinder, die Systeme sprengen. Wenn Jugendliche und Erziehungshilfe aneinander scheitern. Baltmannsweiler: Schneider-Verl. Hohengehren.

Baumann, Menno (2014): Überforderte Helfer(innen)? Eine Betrachtung der Beziehungsdynamken zwischen Helfer(innen) und "schwierigen" Kindern und Jugendlichen zwischen Erziehungshilfe und Psychiatrie. In: Jasmin Hofmeister (Hg.): Hilfen für psychisch belastete Familien. Kooperation zwischen Gesundheitswesen und Jugendhilfe. Köln: Bundesarbeitsgemeinschaft der Kinderschutz-Zentren, S. 95–104.

Baumann, Menno (2015): Neue Impulse in der Intensivpädagogik. "was tun, wenn wir nicht mehr weiter wissen ...?". Erstaufl. (Beiträge zu Theorie und Praxis der Jugendhilfe).

Baumann, Menno (2016): Wenn Jugendliche und Erziehungshilfe aneinander scheitern. Von Menno Baumann. 3., unveränderte Auflage. Baltmannsweiler: Schneider Verlag Hohengehren GmbH (Kinder, die Systeme sprengen, / von Menno Baumann; Band 1).

Baumann, Menno (2018): Kinder, die Systeme sprengen? Die Dynamik scheiternder Hilfeverläufe und (ver-)störender Verhaltensweisen. In: unsere Jugend 70 (1), S. 2–10.

Baumann, Menno (2019): Impulse, Zugangswege und hilfreiche Settingbedingungen für Jugendhilfe und Schule (Kinder, die Systeme sprengen).

Bausum, Jacob; Besser, Lutz Ulrich; Kühn, Martin; Weiß, Wilma (Hg.) (2013): Traumapädagogik. Grundlagen, Arbeitsfelder und Methoden für die pädagogische Praxis. 3., durchgesehene Auflage. Weinheim, Basel: Beltz Juventa.

Beckmann, Christof; Otto, Hans-Uwe; Richter, Martina; Schrödter, Mark (Hg.) (2009): Neue Familialität als Herausforderung der Jugendhilfe. Lahnstein: Verl. Neue Praxis (Neue Praxis Sonderheft, 9).

Literaturverzeichnis

Beutel, Martin (Hg.) (2003): Standard und Intuition. Die Zukunft der Qualitätsentwicklung in der Suchttherapie. Geesthacht: Neuland (BUSS-Schriftenreihe, Bd. 5).

Brisch, Karl Heinz (Hg.) (2017): Bindungstraumatisierungen. Wenn Bindungspersonen zu Tätern werden. Bindungstraumatisierungen: Wenn Bindungspersonen zu Tätern Werden; Dr. von Haunersches Kinderspital; Attachment Traumatizations: When Attachment Figures become Perpetrators. Stuttgart: Klett-Cotta (Fachbuch Klett-Cotta).

Brisch, Karl Heinz (2018): Bindungsstörungen. Von der Bindungstheorie zur Therapie. 15. Auflage. Stuttgart: Klett-Cotta.

Brisch, Karl Heinz; Hellbrügge, Theodor (Hg.) (2015): Bindung und Trauma. Risiken und Schutzfaktoren für die Entwicklung von Kindern. Internationaler Kongress Attachment and Trauma: Risk and Protective Factors in the Development of Children. Fünfte Auflage. Stuttgart: Klett-Cotta (Fachbuch).

Deutsches Institut für Urbanistik; Fachtagung. Arbeitsgruppe Fachtagungen Jugendhilfe (2014): Grenzgänger, Systemsprenger, Verweigerer. Wege, schwierig(st)e Kinder und Jugendliche ins Leben zu begleiten; Dokumentation der Fachtagung am 3. und 4. April 2014 in Potsdam. Unter Mitarbeit von Dörte Jessen. Berlin: Dt. Inst. für Urbanistik (Dokumentation / AGFJ, 94).

Felitti, Vincent J.; Fink, Paul Jay; Fishkin, Ralph E.; Anda, Robert F. (2007): Ergebnisse der Adverse Childhood Experiences (ACE) – Studie zu Kindheitstrauma und Gewalt. In: Trauma & Gewalt 1 (2), S. 18–32.

Freck, Stephanie (2011): Psychische Traumatisierung und Bindungsqualität im Spiegel frühkindlicher Entwicklung. Zugl.: Zürich, Univ., Diss., 2010. Frankfurt am Main: Lang (Europäische Hochschulschriften Pädagogik, 1009).

Fritzsche, Kai; Hartman, Woltemade (2014): Einführung in die Ego-State-Therapie. 2. Aufl. Heidelberg: Carl-Auer-Systeme-Verl. (Compact).

Gahleitner, Silke Birgitta; Frank, Christina; Leitner, Anton (Hg.) (2015): Ein Trauma ist mehr als ein Trauma. Biopsychosoziale Traumakonzepte in Psychotherapie, Beratung, Supervision und Traumapädagogik. Weinheim, Basel: Beltz Juventa.

Gahleitner, Silke Birgitta; Hensel, Thomas; Baierl, Martin; Kühn, Martin; Schmid, Marc (Hg.) (2017): Traumapädagogik in psychosozialen Handlungsfeldern. Ein Handbuch für Jugendhilfe, Schule und Klinik. 3., unveränderte Auflage. Göttingen: Vandenhoeck & Ruprecht.

Goldberg, Brigitta U.; Schorn, Ariane (Hg.) (2011): Kindeswohlgefährdung: Wahrnehmen - Bewerten - Intervenieren. Beiträge aus Recht, Medizin, Sozialer Arbeit, Pädagogik und Psychologie. Opalden & Farmington Hills, MI: Verlag Barbara Budrich.

Graßhoff, Gunther (Hg.) (2013): Adressaten, Nutzer, Agency. Akteursbezogene Forschungsperspektiven in der Sozialen Arbeit. Wiesbaden: Springer VS.

Groen, Gunter; Jörns-Presentati, Astrid (2018): Grenzgänger. Kooperative Abstimmung von Hilfen für Kinder und Jugendliche zwischen Kinder- und Jugendhilfe und Kinder- und Jugendpsychiatrie: Evaluation eines Modellprojektes zur Förderung der Kooperation der Klinik für Kinder- und Jugendpsychiatrie und Psychotherapie Elmshorn und der Jugendämter der Kreise Pinneberg und Steinburg. Unter Mitarbeit von Maike Schulz und Edith Halves. 1. Auflage. Köln: Psychiatrie Verlag (Forschung für die Praxis - Hochschulschriften).

Güntert, Friedhelm (2016): 25 Jahre Individualpädagogik. Von der Heimerziehung zu individualpädagogischen Betreuungsformen 1990/91-2015. Baltmannsweiler: Schneider Verlag Hohengehren GmbH.

Hahlweg, Kurt: Langfristige Wirksamkeit universeller Prävention bei kindlichen psychischer Störungen. Technische Universität Braunschweig. Online verfügbar unter https://www.uni-koblenz-landau.de/de/landau/fb8/biopsy-klinpsy/KlinPsy%20KiJu/doku/hahlweg, zuletzt geprüft am 16.03.2020 um 22:01 Uhr.

Heller, Laurence; LaPierre, Aline (2014): Entwicklungstrauma heilen. Alte Überlebensstrategien lösen - Selbstregulierung und Beziehungsfähigkeit stärken - das Neuroaffektive Beziehungsmodell zur Traumaheilung NARM. 3. Aufl. München: Kösel.

Heuer, Sven (2018): Intensivpädagogik zwischen integrativem Ein-und Ausschluss?! In: Jugendhilfe 56 (4), S. 410–416.

Hofmeister, Jasmin (Hg.) (2014): Hilfen für psychisch belastete Familien. Kooperation zwischen Gesundheitswesen und Jugendhilfe. Bundesarbeitsgemeinschaft der Kinderschutz-Zentren. Köln: Bundesarbeitsgemeinschaft der Kinderschutz-Zentren.

Huber, Michaela (2012): Trauma und die Folgen. Trauma und Traumabehandlung. Teil 1. 5. Aufl. Paderborn: Junfermann Verlag

Jegodtka, Renate; Luitjens, Peter; Pleyer, Karl Heinz; Weiß, Wilma; Sriram, R. (2016): Systemische Traumapädagogik. Traumasensible Begleitung und Beratung in psychosozialen Arbeitsfeldern. 1. Aufl. Göttingen, Bristol, CT, U.S.A.: Vandenhoeck & Ruprecht.

Jessen, Dörte (Hg.) (2016): Systemsprenger verhindern. Wie werden die Schwierigen zu den Schwierigsten?: Dokumentation der Fachtagung am 3. und 4. Dezember 2015 in Berlin. Deutsches Institut für Urbanistik; Fachtagung. Arbeitsgruppe Fachtagungen Jugendhilfe. Berlin: Deutsches Institut für Urbanistik (Dokumentation / Arbeitsgruppe Fachtagungen Jugendhilfe im Deutschen Institut für Urbanistik, 103). Online verfügbar unter http://edoc.difu.de/edoc.php?id=ZNW7D16M.

Kemper, Ulrich; Kruse, Gunther (2003): Systemsprenger - Patienten, zu denen uns nichts einfällt. In: Martin Beutel (Hg.): Standard und Intuition. Die Zukunft der Qualitätsentwicklung in der Suchttherapie. Geesthacht: Neuland (BUSS-Schriftenreihe, Bd. 5), S. 132–140.

Klein, Anna (2012): Resilienz und protektive Faktoren. Sozialpädagogische Hilfen für Kinder und Jugendliche am Beispiel einer stationären Jugendhilfeeinrichtung. 1. Aufl. Heidelberg: Carl-Auer-Systeme-Verl.

Klein, Joachim; Macsenaere, Michael (2015): InHAus 2.0. Individualpädagogische Hilfen im Ausland und ihre Nachhaltigkeit. Freiburg im Breisgau: Lambertus (Beiträge zur Erziehungshilfe, 43).

Knab, Eckhart; Fehrenbacher, Roland (Hg.) (2009): Die vernachlässigten Hoffnungsträger - Beiträge zur Kinder- und Jugendhilfe; [Hubertus Junge gewidmet aus Anlass seines 80. Geburtstages am 28. November 2008]. Unter Mitarbeit von Hubertus Junge. Freiburg im Breisgau: Lambertus-Verl.

Korittko, Alexander; Pleyer, Karl Heinz (2013): Traumatischer Stress in der Familie. Systemtherapeutische Lösungswege. 2. Aufl. Göttingen: Vandenhoeck & Ruprecht.

Krollner, Björn; Krollner, Dirk M.: ICD Code 2020: Reaktionen auf schwere Belastungen und Anpassungsstörungen. Online verfügbar unter https://www.icd-code.de/suche/icd/code/F43.-.html?sp=Sposttraumatische+belastungsst%C3%B6rung, zuletzt geprüft am 15.03.2020 um 18:43 Uhr.

Krüger, Andreas; Reddemann, Luise (2017): Erste Hilfe für traumatisierte Kinder. 7. Auflage. Ostfildern: Patmos-Verlag.

Lang, Birgit; Schirmer, Claudia; Lang, Thomas; Hair, Ingeborg Andreae de; Wahle, Thomas; Bausum, Jacob et al. (Hg.) (2013): Traumapädagogische Standards in der stationären Kinder- und Jugendhilfe. Eine Praxis- und Orientierungshilfe der BAG Traumapädagogik. Bundesarbeitsgemeinschaft Traumapädagogik. Weinheim, Basel: Beltz Juventa.

Levine, Peter A. (2016): Trauma und Gedächtnis. Die Spuren unserer Erinnerung in Körper und Gehirn: wie wir traumatische Erfahrungen verstehen und verarbeiten. München: Kösel.

Levine, Peter A.; Kline, Maggie; Jahn, Judith Marlene (2015): Verwundete Kinderseelen heilen. Wie Kinder und Jugendliche traumatische Erlebnisse überwinden können. 9. Aufl. München: Kösel.

Macsenaere, Michael (2013): Wirkungsforschung in den Hilfen zur Erziehung. In: Gunther Graßhoff (Hg.): Adressaten, Nutzer, Agency. Akteursbezogene Forschungsperspektiven in der Sozialen Arbeit. Wiesbaden: Springer VS, S. 211–225.

Macsenaere, Michael (2015): Wirkungsorientierung und Wirkfaktoren am Beispiel der Hilfen zur Erziehung. IKJ – Institut für Kinder- und Jugendhilfe. Elmshorn, 08.09.2015. Online verfügbar unter https://www.kreis-pinneberg.de/pinneberg_media/Dokumente/Stabsstelle+30/Aufbau+Sozialplanung+Kreis+Pinneberg/Fachtag+Wirkungsorientierung+_+Vortrag+Macsenaere+%28IKJ%29-p-1000092.pdf, zuletzt geprüft am 16.03.2020 um 22:02 Uhr.

Macsenaere, Michael (2018): "Systemsprenger" in den Hilfen zur Erziehung: Welche Wirkungen werden erreicht und welche Fakoren sind hierfür verantwortlich? In: Jugendhilfe 56 (3), S. 310–314.

Literaturverzeichnis

Macsenaere, Michael; Esser, Klaus (2015): Was wirkt in der Erziehungshilfe? Wirkfaktoren in Heimerziehung und anderen Hilfearten. 2. aktualisierte Auflage. München, Basel: Ernst Reinhardt Verlag.

Macsenaere, Michael; Esser, Klaus; Knab, Eckhart; Hiller, Stephan (2014): Handbuch der Hilfen zur Erziehung. Freiburg: Lambertus-Verlag.

Macsenaere, Michael; Klein, Joachim: Evaluation des traumapädagogischen Schulungsprojekts in der Kinder-und Jugendhilfe St. Mauritz in Münster. Online verfügbar unter file:///C:/Users/Lea-Sophie/Documents/Traumapädagogik/PrÑsentation-Endergebnisse-fÅr-Fachtagung-am-2011-10-20_Endversion.pdf, zuletzt geprüft am 17.03.2020 um 09:17Uhr.

Macsenaere, Michael; Knab, Eckhart (Hg.) (2004): Evaluationsstudie erzieherischer Hilfen (EVAS). Eine Einführung. 1. Aufl. Freiburg im Breisgau: Lambertus.

Maercker, Andreas (2017): Trauma und Traumafolgestörungen. München: Verlag C.H. Beck (C.H. Beck Wissen, Bd. 2863).

Müller, Burkhard; Schwabe, Mathias (2009): Pädagogik mit schwierigen Jugendlichen. Ethnografische Erkundungen zur Einführung in die Hilfen zur Erziehung. Weinheim: Juventa-Verl. (Studienmodule soziale Arbeit).

Oerter, Rolf; Montada, Leo; Oerter-Montada (2002): Entwicklungspsychologie. Lehrbuch. 5., vollst. überarb. Aufl. Weinheim: Beltz PVU.

Ostfalia Hochschule Wolfenbüttel (2015): Systemsprenger oder verhaltensoriginelle Jugendliche? Individualpädagogische Konzepte in der Kinder- und Jugendhilfe. Wolfenbüttel, 29.05.2015.

Reddemann, Luise; Wöller, Wolfgang (2017): Komplexe posttraumatische Belastungsstörung. 1. Auflage. Göttingen: Hogrefe Verlag (Praxis der psychodynamischen Psychotherapie - analytische und tiefenpsychologisch fundierte Psychotherapie, Band 11).

Resch, Franz (1999): Entwicklungspsychopathologie des Kindes- und Jugendalters. Ein Lehrbuch. 2., überarb. und erw. Aufl. Weinheim: Beltz (Anwendung Psychologie).

Riemann, Jenne; Jöst, Steffi; Fischer, Catrin; Berchtold, Nicola (2014): Beziehungsweise Bindung. Intensivpädagogische Hilfeverläufe unter der Lupe. 1. Auflage. Augsburg: ZIEL.

Scherwath, Corinna; Friedrich, Sibylle (2016): Soziale und pädagogische Arbeit bei Traumatisierung. 3., aktualisierte Auflage. München, Basel: Ernst Reinhardt Verlag.

Schmid, Marc (2018): Resilienzförderung in Heimerziehung und Milieutherapie mittels EQUALS und Traumapädagogik. 17. Dilborner Fachtagung. Brüggen, 08.11.2018. Online verfügbar unter file:///C:/Users/Lea-Sophie/Documents/Traumapädagogik/Schmid_Resilienzfoerderung_in_Heimerziehung_und_Milieutherapie.pdf, zuletzt geprüft am 12.02.2020 um 15:10Uhr.

Schulze, Heidrun; Loch, Ulrike; Gahleitner, Silke Birgitta (Hg.) (2016): Soziale Arbeit mit traumatisierten Menschen. Plädoyer für eine Pschosoziale Traumatologie. [3. Auflage]. Baltmannsweiler: Schneider Verlag Hohengehren (Grundlagen der Sozialen Arbeit, Band 28).

Schwabe, Mathias; Stallmann, Martina; Vust, David (2013): Freiraum mit Risiko. Niedrigschwellige Erziehungshilfen für sogenannte Systemsprenger/innen.

Stein, Roland (2017): Grundwissen Verhaltensstörungen. 5., neu überarbeitete Auflage. Baltmannsweiler: Schneider Verlag Hohengehren GmbH.

Weiß, Wilma; Friedrich, Esther Kamala; Picard, Eva; Ding, Ulrike (2014): "Als wär ich ein Geist, der auf mich runter schaut". Dissoziation und Traumapädagogik. Weinheim, Basel: Beltz-Juventa (Edition Sozial).

Weiß, Wilma; Kessler, Tanja; Gahleitner, Silke Birgitta (Hg.) (2016): Handbuch Traumapädagogik. Julius Beltz GmbH & Co. KG. Weinheim und Basel: Beltz (Beltz Handbuch).

Witte, Matthias D. (2006): Erziehungsresistent? "Problemjugendliche" als besondere Herausforderung für die Jugendhilfe. 1. Aufl. (Grundlagen der Sozialen Arbeit).

Zimmermann, David; Rosenbrock, Hans; Dabbert, Lars (Hg.) (2017): Praxis Traumapädagogik. Perspektiven einer Fachdisziplin und ihrer Herausforderungen in verschiedenen Praxisfeldern. Juventa Verlag. 1. Auflage. Weinheim, Basel: Beltz Juventa (Grundlagentexte Soziale Berufe).